第70代 横綱日馬富士 相撲道

画文集

The 70th Yokozuna Harumafuji
SUMODO, or the Way of SUMO
Written by Harumafuji Kouhei / Ikuko Hashimoto
Pictures by Ikuko Hashimoto
Translated by Tsutomu Hamaoka

文・日馬富士公平／橋本委久子

画・橋本委久子　英訳・浜岡 勤

藤原書店

The 70th *Yokozuna* Harumafuji
SUMODO,* or the Way of *SUMO

Written by Harumafuji Kouhei / Ikuko Hashimoto
Pictures by Ikuko Hashimoto
Translated by Tsutomu Hamaoka

© Fujiwara-Shoten Publishing Company, Tokyo, JAPAN 2018

扉画　日馬富士公平

第70代 横綱日馬富士
画文集
相撲道
目次

Yokozuna Harumafuji
SUMODO, or the Way of SUMO
table of contents

夢 ——————————— 2

稽古 ——————————— 10

努力×忍ぶ×待つ=…… ——————— 20

=成功 ——————————— 38

仲間たち ——————————— 64

祈る ——————————— 70

受け継ぐ 伝える ——————— 78

感謝 恩返し ——————————— 84

夢から恩返しへ——あとがきにかえて ——— 122

日馬富士の戦績 ——————— 126

〈特別インタビュー〉
横綱日馬富士の「相撲道」とは何か —— 133

Dream ——————————— 2

Keiko, or *sumo* training ——————— 10

"Making efforts" × "Enduring" ×
  "Waiting for" = … ——————— 20

= Success ——————————— 38

Colleagues ——————————— 64

Pray ——————————— 70

Succession Transmittance ——— 78

Thanks Requiting favors ——— 84

From the dream to the requital of favors —— 124

Accomplishments of Harumafuji ——— 129

Special interview:
"What is SUMODO for *Yokozuna* Harumafuji ?" ——133

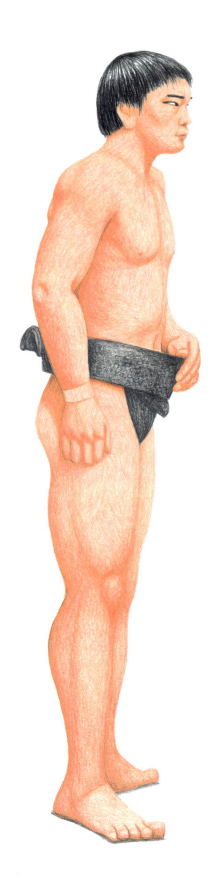

夢

Dream

「諦めないという土に、種をまき、
信じるという水をやる。
希望という芽が伸びて、
夢という花が咲く。」

Sowing seeds on the field not to be given up,
followed by pouring the water of belief.

The sprout so called "hope" is spreading to give the flower of dream.

2001年初場所初土俵　初めて土俵に立った瞬間
In January tournament of *sumo*, 2001, the moment of his debut on the *dohyo*

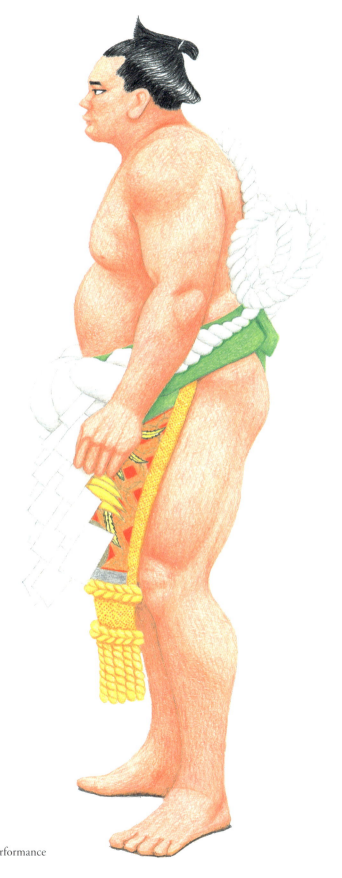

2016年初場所　横綱土俵入り
In January tournament 2016, *Yokozuna Dohyo-iri*, or the display of *Yokozuna*'s performance

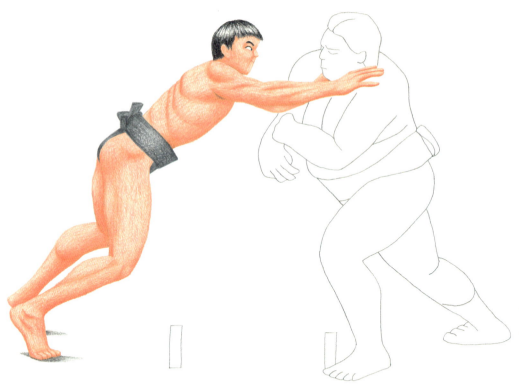

「毎日同じ夢を見て、
　その目標のために努力して」

Having the same dream every night,
making efforts to realize the dream to get the goal

2000 年 9 月　16 歳で入門　2001 年 1 月初土俵　180 cm　89 kg
September 2000, *Nyumon*, or entrance into the *sumo beya* at 16 years old,
January 2001, *Hatsu-dohyo*, or debut, 180 cm, 89 kg

2001年3月序ノ口優勝　2002年3月三段目優勝　2004年3月十両昇進　同年9月十両優勝　11月新入幕。
このとき185 cm　114 kg、幕内最軽量だった

March 2001, Winner in *Jonokuchi*, March 2002, Winner in *Sandanme*, March 2004, Promotion to *Juryo*, September in the same year, Winner in *Juryo*, November, Promotion to *Makuuchi*, 185 cm 114 kg, the lightest in *Makuuchi* division

2005年11月場所　横綱朝青龍に初挑戦　前頭五枚目　November tournament 2005　The first challenge against *Yokozuna* Asashoryu, in the fifth position in *Maegashira*

「横綱は、笑っちゃうほど強かった」 "Yokozuna is too strong to give a smile"

夢　Dream
2010年初場所　体がもちあがるほど気合いのはいった仕切り
January tournament 2010　*Shikiri* in full *kiai* as if it would raise his body

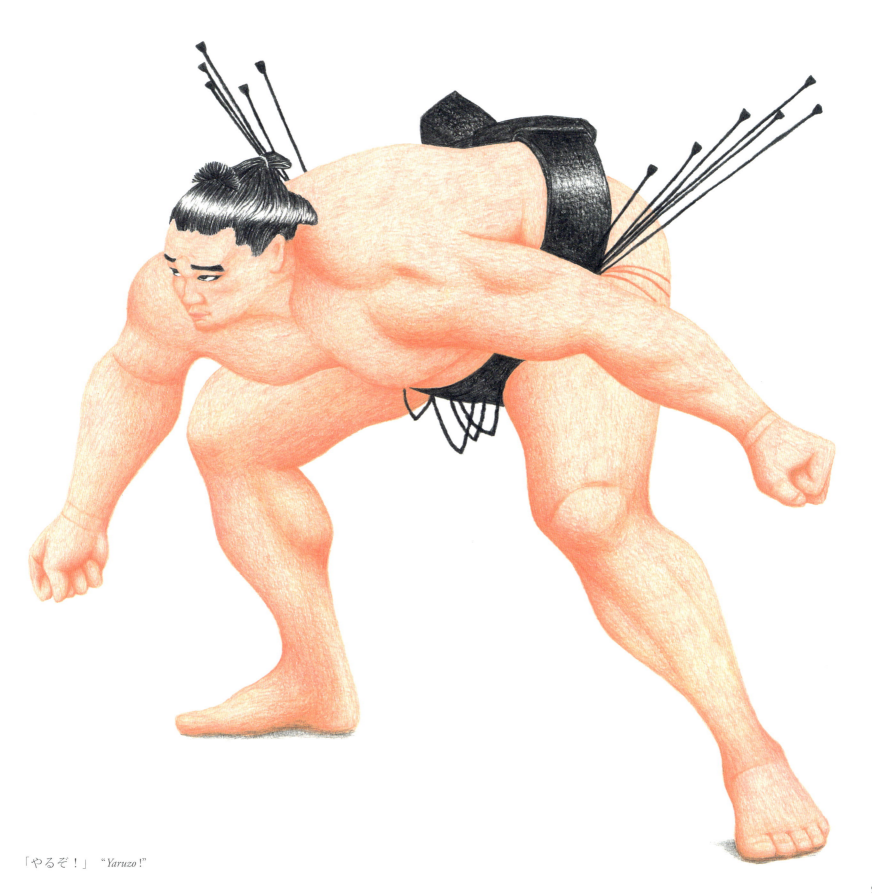

「やるぞ！」 "Yaruzo!"

稽古

Keiko, or *sumo* training

「稽古とは、古いことを敬い、
覚え、磨くこと」

Keiko, or *sumo* training, is to respect
the traditional thing, to master it,
then, to develop it.

稽古 2008年11月場所前
Keiko, before November tournament 2008

2008年　初場所前　兄弟子安壮富士との稽古
「僕が日本にきた11年前、部屋で初めてみた安壮富士関と、今は引退してしまった青葉さんの相撲をみて、とても憧れました。今の僕の相撲は、二人の相撲をあわせた相撲です。前みつをつかんだら絶対にまけない、勝負が終わったと思わせる安壮富士関の相撲に憧れて、たくさん胸をだしてもらいました」（2011年5月29日付　日馬富士のブログより）

Before January tournament 2008, *keiko* with Asofuji, his senior disciple
"When I came to Japan 11 years ago, first I saw training by *rikisi* in the stable and sighed for the techniques of Asofuji, and Aoba-san, who had retired already. My present *sumo* was derived from techniques of both seniors. I felt myself toward Asofuji's technique, where once he grabbed *maemitsu*, or front position, he never lost to let opponents feel be defeated, and asked him give his know-how a lot" (from Harumafuji's blog dated May 29, 2011)

2014年11月場所前　稀勢の里との三番稽古　Before November tournament 2014, *Samban-geiko*, or three times of exercises with Kisenosato

猛稽古　2017年9月場所前　Before September tournament 2017, *mou-geiko*, or hard training

「けがを稽古で治す」 "Your injury should be recovered though *keiko*, or training"
2017年5月場所前　照強との稽古　*Keiko* with Terutsuyoshi, before May tournament 2017

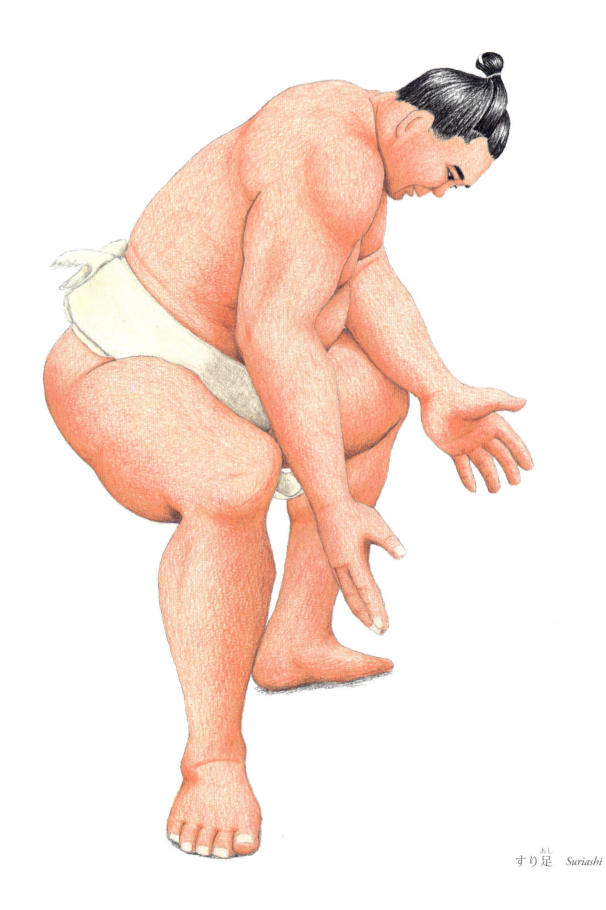

すり足　*Suriashi*

2011年9月場所前　横審総見稽古　対白鵬

Yokoshin-souken-geiko against Hakuho, before September tournament 2011

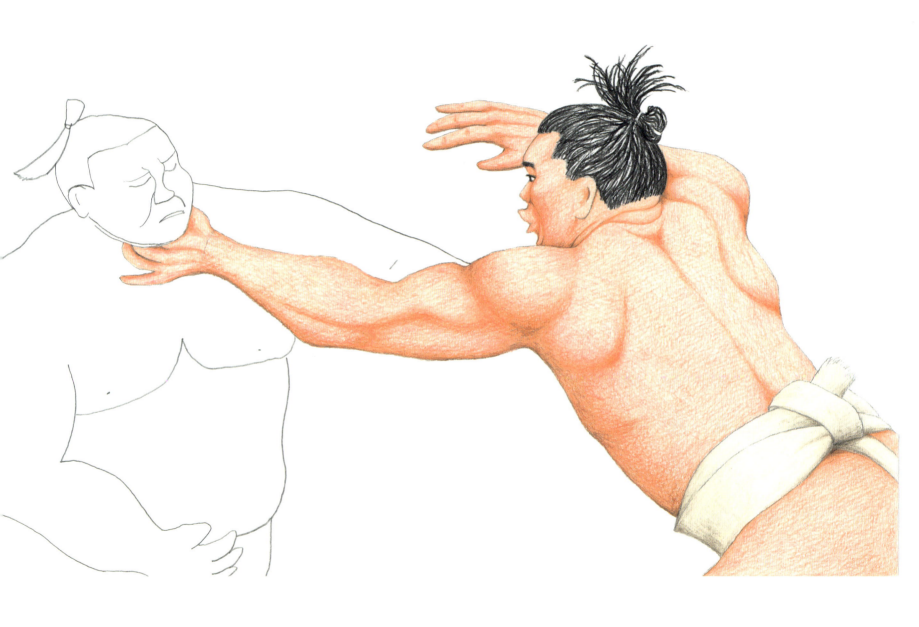

努力 Making efforts
2009年9月場所前　白鵬との三番稽古
Samban-geiko, or three times of exercises, against Hakuho, before September tournament 2009

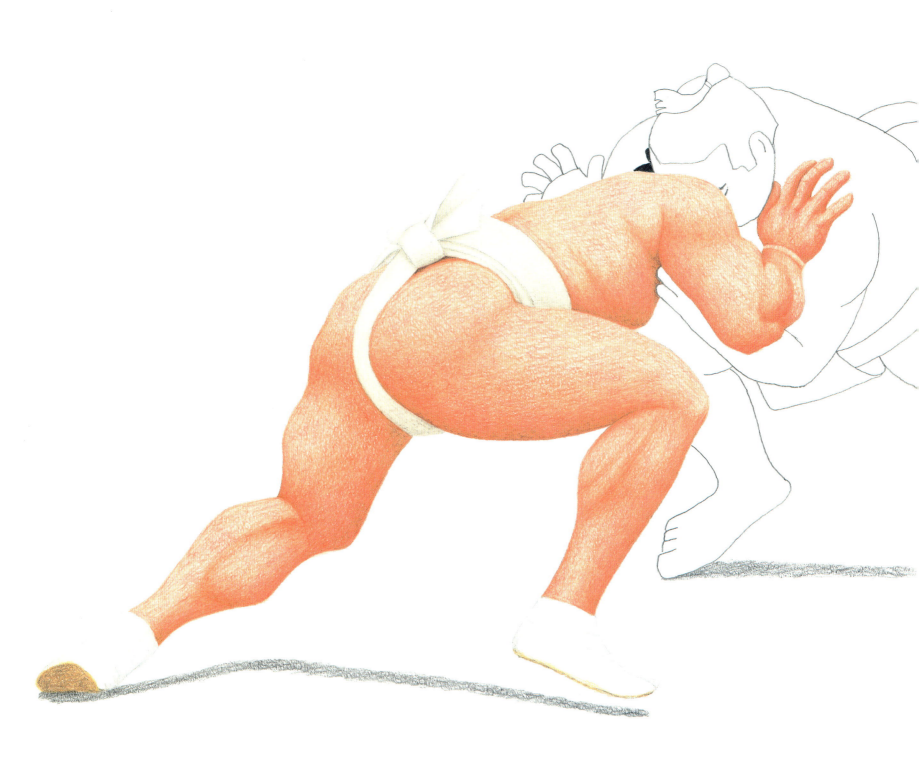

努力(どりょく) Making efforts
2013年初場所前　稀勢の里との三番稽古　*Samban-geiko* against Kisenosato, before January tournament 2013

努力×忍ぶ×待つ＝……

"Making efforts" × "Enduring" × "Waiting for" = …

2010年9月場所　September tournament 2010　　耐える　Tolerating

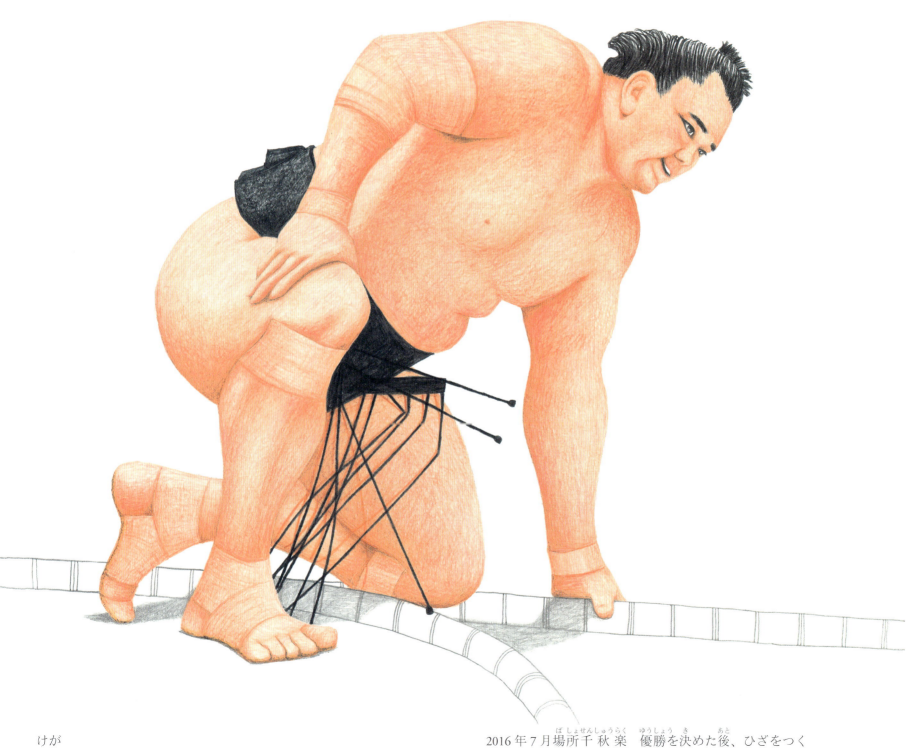

けが
Being injured

2016年7月場所千秋楽　優勝を決めた後、ひざをつく
July tournament 2016, *senshuraku*, or the final bout　　He fell on his knee after he won *yusho*, or championship

2013年3月場所 「耐えて、忍んで、また努力して」
March tournament 2013 "Tolerating, enduring, then, making efforts"

23

「努力し、耐え、忍び、開かれる道」
"The way achieved through making efforts, tolerating and enduring"

2009 年 11 月場所
November tournament 2009

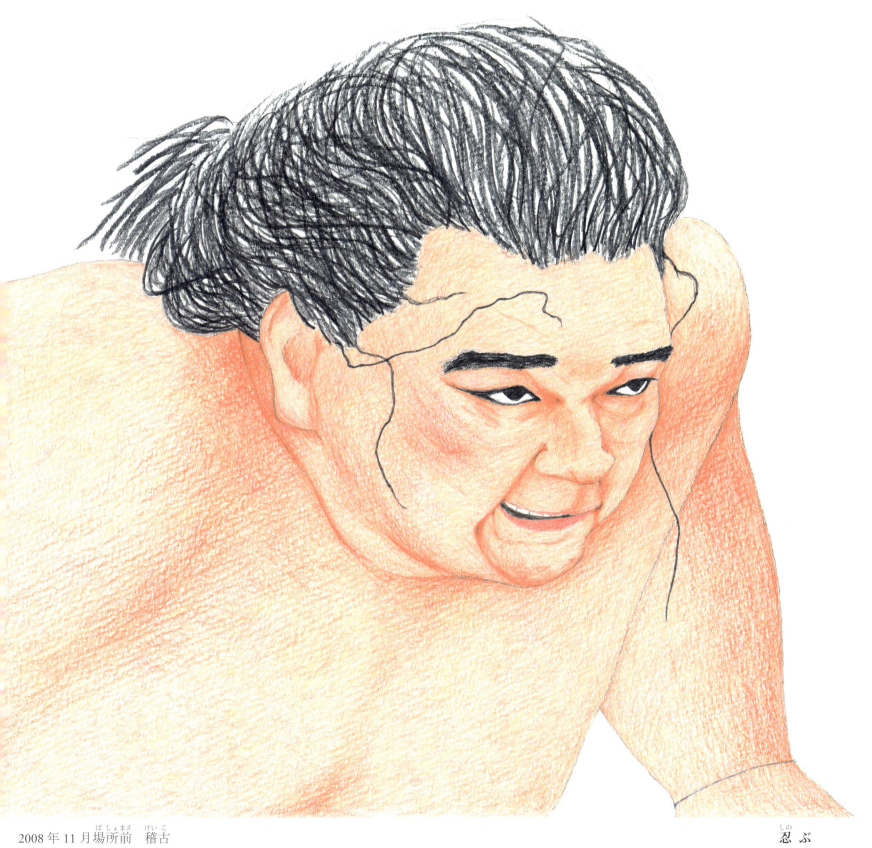

2008年11月場所前　稽古　　　　　　　　　　　　　　　　　　　　　　　忍ぶ
Before November tournament 2008　*Keiko*, or training　　　　　　　　　　Enduring

2010年3月場所
March tournament 2010

忍ぶ
Enduring

26

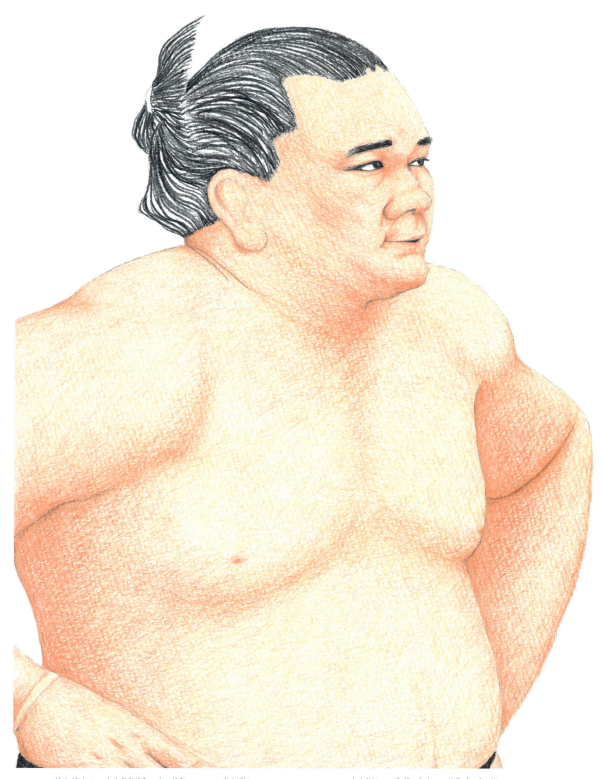

2009年初場所、新大関の初日から四連敗のあとの五日目。館内に手拍子と日馬富士コールがわきおこり、
大声援にこたえるように、琴奨菊に完勝。土俵下におりたあとも、客席にバンザイの声が飛びかった

待つ

January tournament 2009, 5th day after four consecutive loss since the first bout as a new *Ozeki*. In the Kokugikan Hall, hands clapping and a call for Harumafuji were invited, he defeated Kotoshogiku, as if he replied to big requests. After he stepped down the *dohyo*, a call of "*banzai*" occurred in the hall.

Waiting for

「負けて学ぶ」
2011年7月場所千秋楽、全勝をかける日馬富士。対戦相手はライバル稀勢の里。前日に優勝が決まっているにもかかわらず、体育館中がひとつのリズムになって『はーるまふじッ！』『きーせのさとッ！』の大コール！
そして期待どおり、ふたりの気迫がぶつかりあい、日馬富士の全勝はならなかったが、11秒の短い戦いに、プロの相撲のおもしろさがつまっていた。

"Study after being defeated"
Senshuraku of July tournament 2011, Harumafuji intending to complete perfect victory, opponent was a rival, Kisenosato. Though *yusho*, or a winner in *Makuuchi*, was decided in the day before, a big call of "Ha-rumafuji !" and "Ki-senosato !" was occurred in one rhythm. As expected, both gave a fierce battle to give a win to Kisenosato, leaving Harumafuji no perfect victory, in which during 11 seconds of short battle, the intense interest of *sumo* was concentrated.

2009年3月場所前　てっぽうをくり返す　　　　　　　　　　　　　努力

Before March tournament 2009　Repeat of *teppo*, or thrust　　　　Making efforts

悩む 耐える
Being distressed, tolerating

2008年5月場所
May tournament 2008

2013年3月場所　けが
March tournament 2013　Being injured

待つ

「こういう負け方は二度としない」
2008年9月場所　対鶴竜　よろこびすぎて逆転負け

Waiting for

"I will never lose again like this"
September tournament 2008　Against Kakuryu　Seemingly certain win was reversed with too much joy

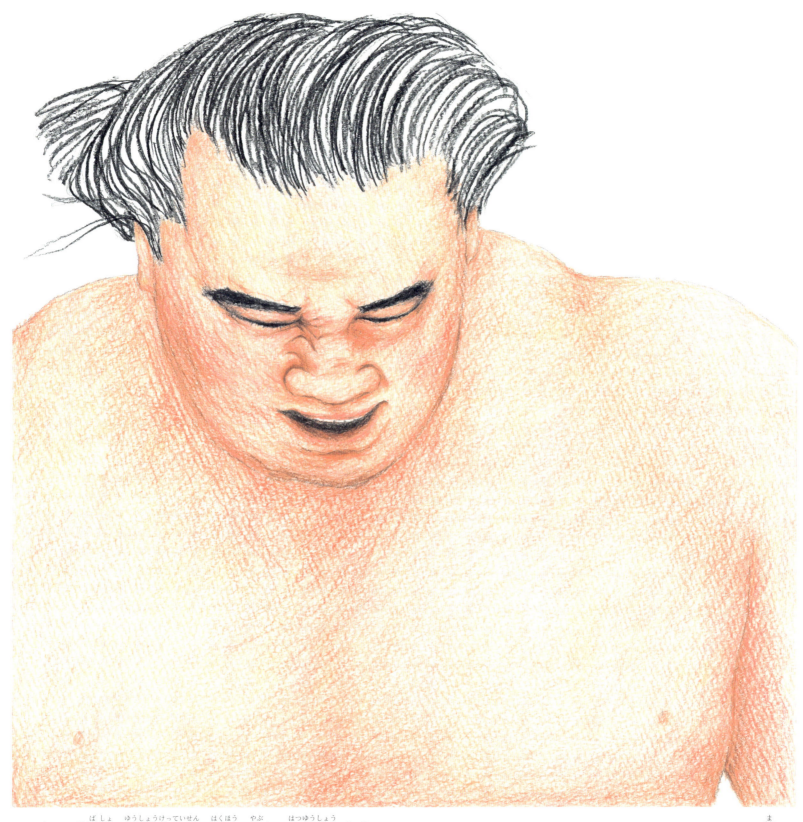

2008年11月場所　優勝決定戦　白鵬に敗れて初優勝ならず　　　　　　　　　　　　　　　　　待つ

November tournament 2008　Bout to decide a winner　After being defeated against Hakuho, he did not get the first victory in *Makuuchi*　　　Waiting for

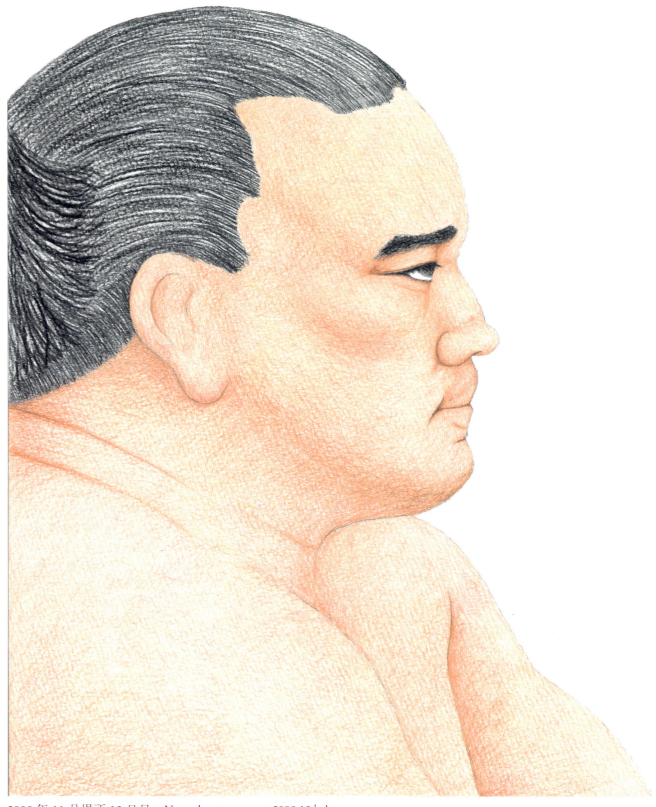

2008年11月場所13日目　November tournament 2008 13th day
大関 昇進めやすの三場所計33勝をあげた勝ち残り

Kachinokori, after getting a total of 33 wins through 3 consecutive tournament as a measure to promote to *Ozeki*

信じる

Believe

2008年7月場所　琴奨菊に完敗　　　　　　　　　　　　　　明日がある

July tournament 2008　Complete loss against Kotoshogiku　　Tomorrow available

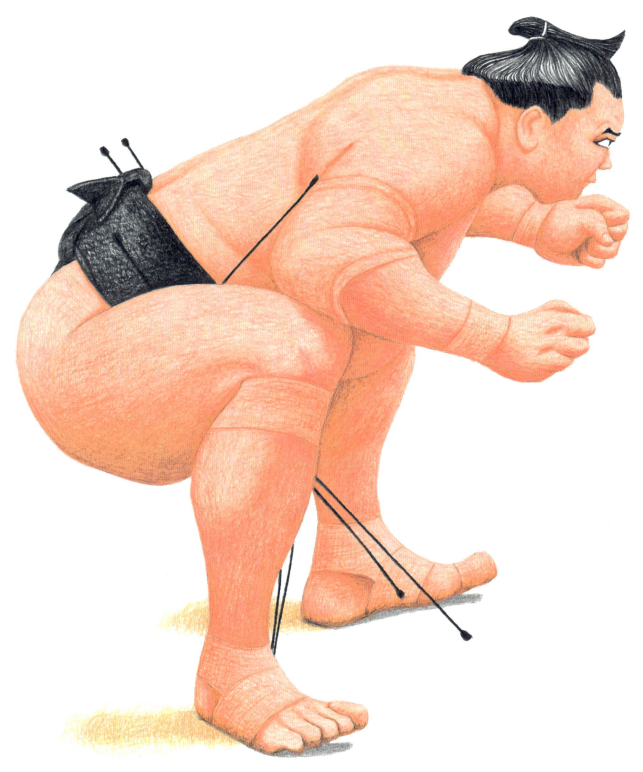

あきらめない
Never giving up

2016年9月場所　せり上がりのように前進する気合いの仕切り
September tournament 2016　*Shikiri* full of energy forwarding to opponent with gradual aggression

2017年7月場所
土俵上で白いものを身につけるのは、相手に自分の弱い箇所を教えているようなものだ、とよく言われるが、
日馬富士にはそれを上回る技と気迫があった

July tournament 2017
It is normally said that wearing white item on the *dohyo* means telling weak points to an opponent.
Harumafuji, however, has techniques and *kihaku* or fighting spirits to overcome such saying.

＝成功
せい こう

＝ Success

2009年5月場所 ばしょ
May tournament 2009

よし！
Yoshi!

自分を信じる
Believing my own self

2009 年 5 月場所
May tournament 2009

がんばる　Doing my best
2010 年初場所
January tournament 2010

気合い　*Kiai*, or the spiritual strength within

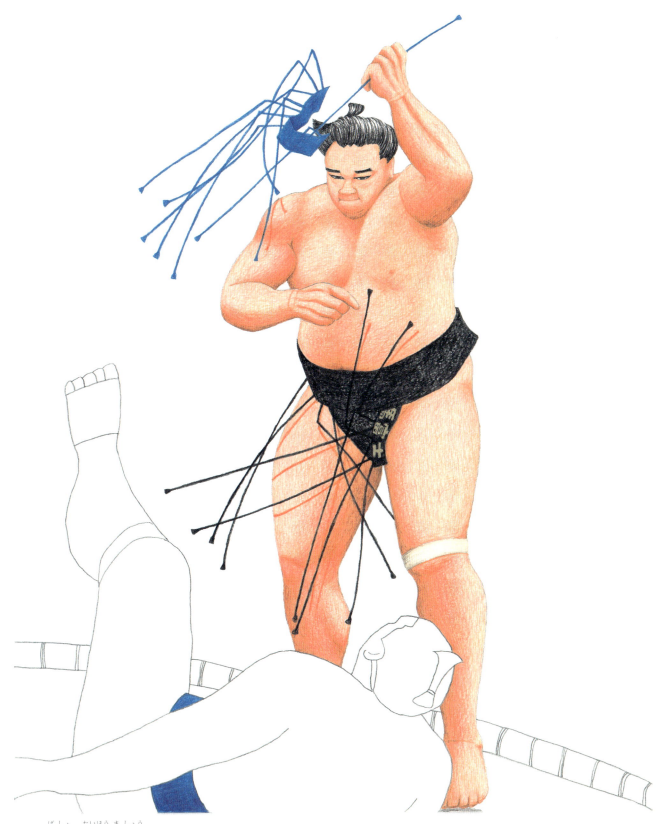

2010年9月場所　対豊真将　すそとり　　　　　　　　　　　　　　　　　　　勝つ

September tournament 2010　Against Houmasho　*Susotori*　　　　　　　　　Victory

勝利
(しょうり)
Victory

2007年 九州場所 対白鵬 したてなげ
(きゅうしゅうばしょ)(たいはくほう)
Kyushu tournament 2007　Against Hakuho　*Shitatenage*

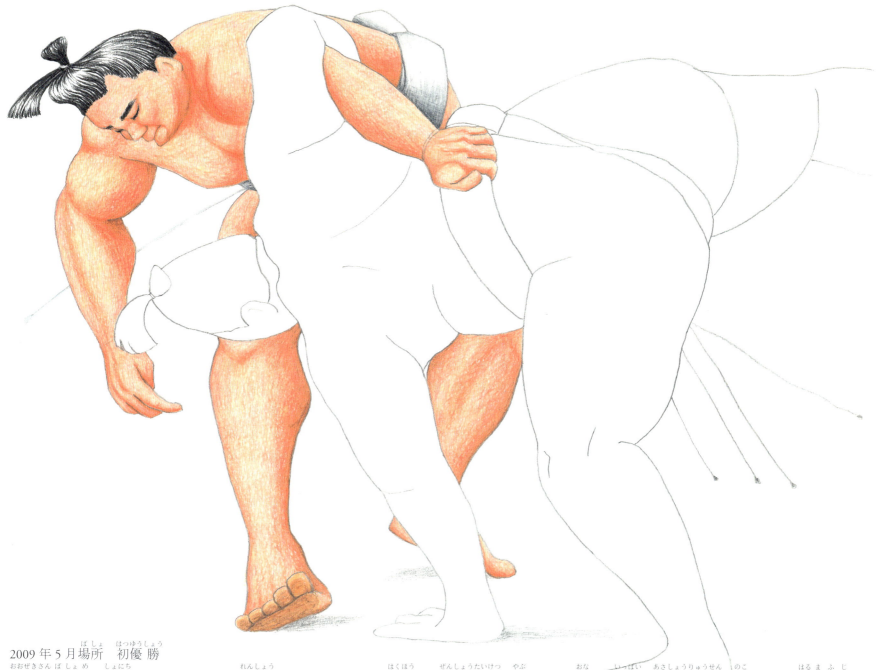

2009年5月場所　初優勝

大関三場所目、初日からはじめての12連勝だったが、13日目に白鵬との全勝対決に敗れ、まだ同じく一敗の朝青龍戦を残している日馬富士の初優勝は、かなりむずかしくなったと思えた。14日目、しかし目の前で白鵬が琴欧洲に、まさかの敗戦。日馬富士は朝青龍との一敗対決で、胸が合ってしまう不利な体勢から、外がけで逆転勝利。千秋楽の琴欧洲戦でも、右手がばんざいする絶体絶命のピンチから、一瞬のすきをついた首投げで、またも豪快な逆転勝ち。優勝決定戦では、立合いから日馬富士のペースで白鵬を下し、ついに初めての優勝賜杯を手にした。

May tournament 2009　The first *yusho*, or championship in *Makuuchi*

In the third *basho* since he became *Ozeki*, he got 12 consecutive winning from the first day. In 13th day match against Hakuho who got consecutive winning from the first day, he was lost. Because another *rikisi* who lost one was Asashoryu, it seemed difficult for Harumafuji to clinch the first victory in *Makuuchi*. In 14th bout, Hakuho was unbelievably defeated by Kotooshu in front of him, while Harumafuji won against Asashoryu in seemingly unfavorable performance. In *senshuraku*, against Kotooshu, he won over by wonderful throwing Kotooshu through unexpected technique of *kubinage* in scarcely available one chance. In the match of deciding champion between Hakuho and him, he won over against Hakuho in his own pace from the start, getting the champion cup at the first time.

2012年7月場所
July tournament 2012

平蜘蛛の仕切り
Shikiri called Hirakumo

2012年9月　三回目の綱取り場所　千秋楽　対白鵬
下手投げを打ちながら、白鵬を東土俵に追いつめる
September tournament 2012 trying to reach *Yokozuna, senshuraku*　Against Hakuho
By giving *Shitatenage*, he pushed Hakuho to the east end of *dohyo*.

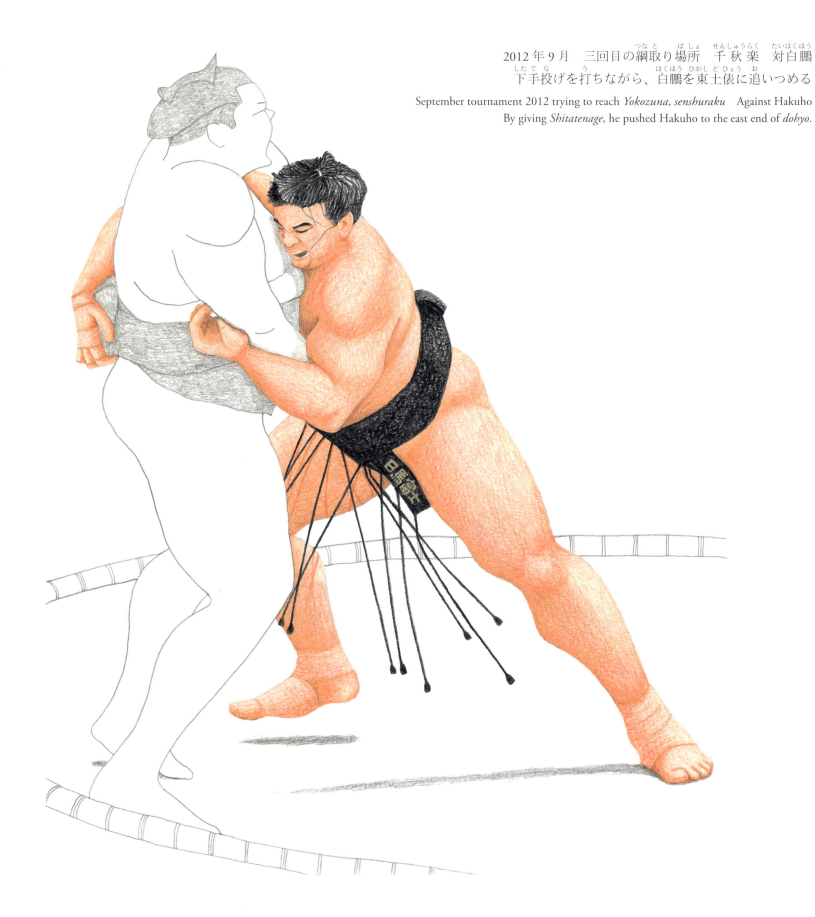

寄り切れないと見ると、今度は自分の体を軸にして、白鵬をふりまわすように下手投げをうちつづけ、テレビの中継がくり返し叫びつづける。「下手投げ！　下手投げ！」

Realizing that he couldn't give *Yorikiri*, then, he used his body as a pivot, he kept on giving *Shitatenage*. TV announcer repeated "*Shitatenage*! *Shitatenage*!"

49

「下手投げ！」 "Shitatenage!"

「下手投げ―――!!」
ついに白鵬が土俵にくずれ落ち、渾身の力をしぼり出した日馬富士も、引きずられるように倒れこんだ。
しばらく起きあがれないでいた日馬富士は、やがて両手をついて上半身を起こし、神に感謝するように土俵に額をつけ、少しよろけながら立ち上がった。勝ち名のりをうけ、懸賞の大きな束を持って土俵をおりるとき、もう一度大きな歓声があがった。
三十六代木村庄之助は自身の引退時に、この取組を49年の行司生涯最高の一番としてあげ、この一番を裁けたことが誇りだと語った。

"*Shitatenage*!"
Finally, Hakuho fell down on the *dohyo* and Harumafuji who exhausted his energy fell down by seemingly Hakuho's invited draw. Harumafuji who could not stand for a while, placed his hands to raise his body, giving his forehead on the *dohyo* as if he thank God, then stood reluctantly on the *dohyo*. Receiving his winning call and big bundles of prize, he stepped down the *dohyo*, when a great roam of celebration occurred again. Kimura Shonosuke, the 36th *Gyoji*, in the time retirement, recalled that this match was the best bout in his long *gyoji* lives and feeling proud of taking a chance to judge this bout.

全勝優勝で横綱昇進を決める　　2012年9月場所千秋楽　勝ち名のり

Being promoted to *Yokozuna* after perfect winning for 15 days　　September tournament 2012, *senshuraku*　*Kachinanori*, or winner's call

叶える　Accomplishment

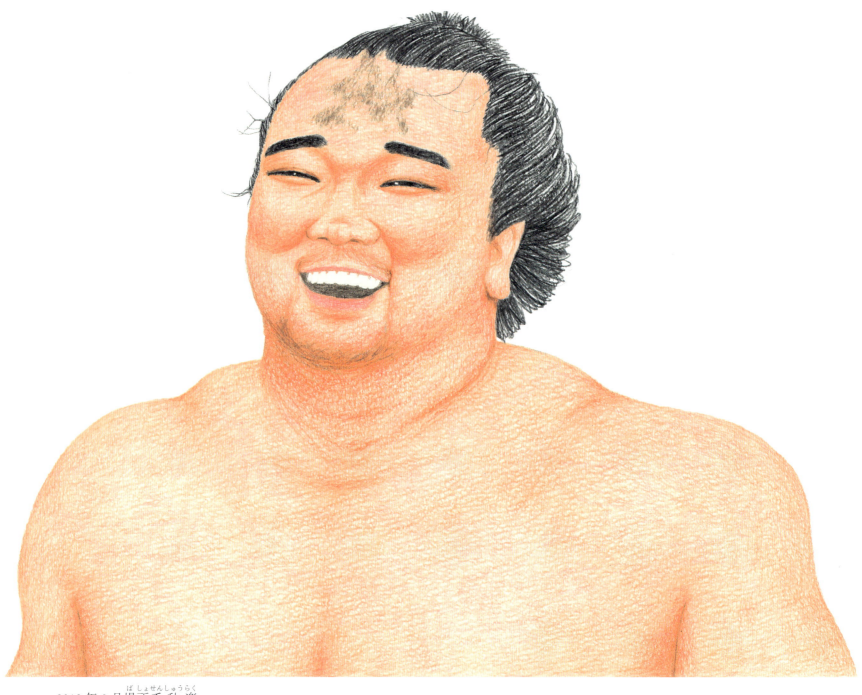

2012年9月場所千秋楽
花道の奥で出迎えた安美錦を見つけると、笑顔になり、一礼すると二人でしっかり抱きあった。その夜出演したテレビのインタビューで「亡き父は、自分が横綱に昇進することより、正しく生きていることのほうを喜んでくれていると思う」と語った

September tournament 2012, *senshuraku*
Seeing Aminishiki who welcomed Harumafuji in the back of *hanamichi*, he smiled and greeted him, holding tight together. In the interview when TV invited him, Harumafuji said "late father might rather feel happy that I live in the right way than I got promoted to *Yokozuna*".

2012年9月　横綱 昇進伝達式の翌日
打ちあがったばかりの綱をしめて鏡にうつす

September 2012, next day after *Yokozuna-shoshin-dentatsushiki*,
or the ceremony of formal message of *Yokozuna* promotion.
Watching his mirror image of holding *Tsuna* freshly prepared.

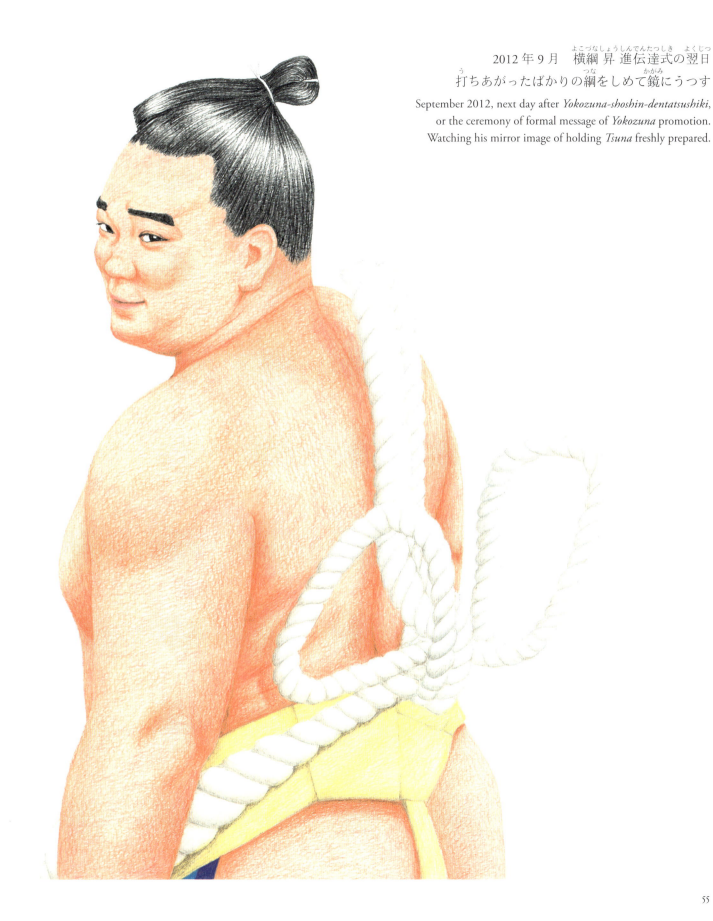

2012年11月場所
新横綱の初日　本場所初めての土俵入りの最初の所作

November tournament 2012
In the first day as a new *Yokozuna*, the first performance of *dohyo-iri* on the *dohyo*

巡業の土俵入り　横綱に抱かれた赤ちゃんは丈夫に育つ

Dohyo-iri in *Jungyo*, or the display of *Yokozuna*'s performance
It is said that the baby held once in the arms of *Yokozuna* grows sound.

2016年初場所
January tournament 2016

2012年11月場所
November tournament 2012

せり上がり

Seriagari

日馬富士の、低い位置から離陸するように上がっていくせり上がりには、つねに観客席からどよめきと拍手がわきおこる

Seriagari of Harumafuji performed like taking off from the low position, invites always audience's applause and hand clappings.

61

2013年初場所
January tournament 2013

2013 年初場所
January tournament 2013

仲間たち

Colleagues

付け人 頭 伊勢ノ花に送られて、花道の出

Start from *hanamichi*, sent by Isenohana, head of *tsukebito*, or servants

「支え、教え、守って、願っていただいた付き人仲間に感謝」
2017年9月場所千秋楽 優勝決定戦のために大関豪栄道と東西の支度部屋を交換する
"Thanks to those *tsukebito* colleagues who are giving service through supporting, teaching and protecting."
In *senshuraku* of September tournament 2017, they exchanged preparation stable of east and west side, with Goeido's one for a decisive match.

2013年2月　NHK福祉大相撲
6人の付き人による綱締め

February 2013, NHK Welfare *Ohzumo* tournament　*Tsunajime* by the hands of 6 *tsukebito*

2010 年 2 月　大相撲トーナメントで兄弟子安美錦と同部屋対戦
February 2016　Match with Aminishiki, senior disciple of the same stable, in *Ohzumo* tournament

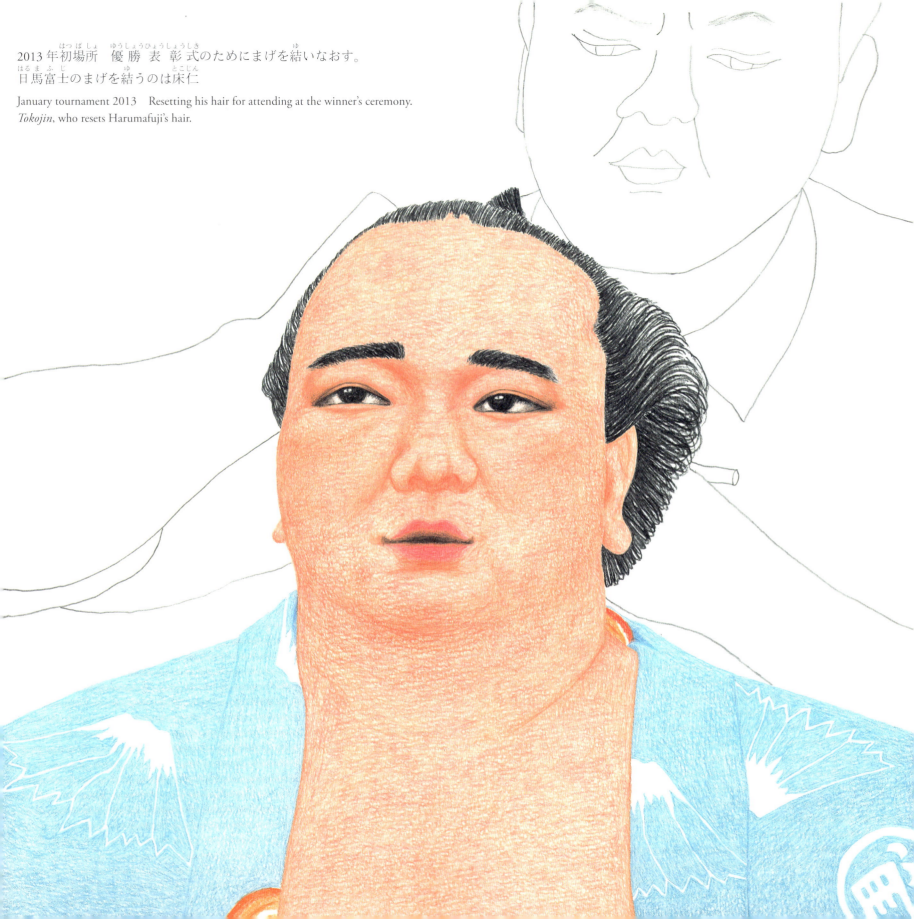

2013年初場所　優勝表彰式のためにまげを結いなおす。
日馬富士のまげを結うのは床仁

January tournament 2013　Resetting his hair for attending at the winner's ceremony.
Tokojin, who resets Harumafuji's hair.

祈る

Pray

「力は神様から預かったもの。
いつかお返しする時が来る。

それまで精いっぱいに使って
感動と勇気を与えるのが
やるべきこと」

"The Power has been delivered from God.
The time will surely come to return it.

Until then, using it as full as possible,
I must keep on giving inspiration and braveness."

2013 年初場所(はつばしょ)
January tournament 2013

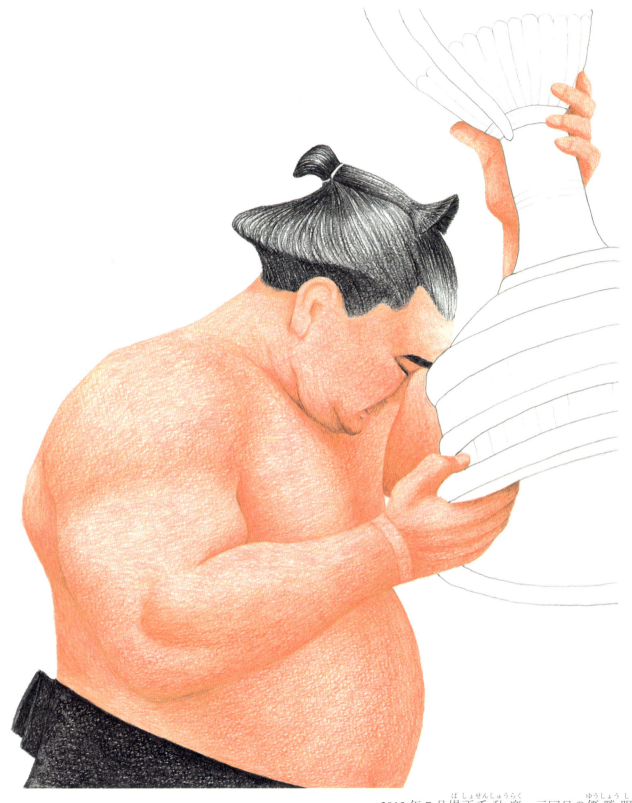

2012年7月場所千秋楽　三回目の優勝賜杯
July tournament 2012, *senshuraku*　Third time of receiving winner's trophy

2014年1月　明治神宮奉納土俵入り
January 2014　*Meijijingu-hono-dohyo-iri*

2013年7月場所　日馬富士の土俵入りは、ていねいな一礼から始まる
July tournament 2013　Harumafuji's *dohyo-iri* starts after making a polite bow

2012年9月場所千秋楽　綱取りを全勝優勝で決め、「土俵の神さまに感謝」
September tournament 2012, *senshuraku*　He gives thanks to God of *dohyo* after achieving the perfect win to become *Yokozuna*.

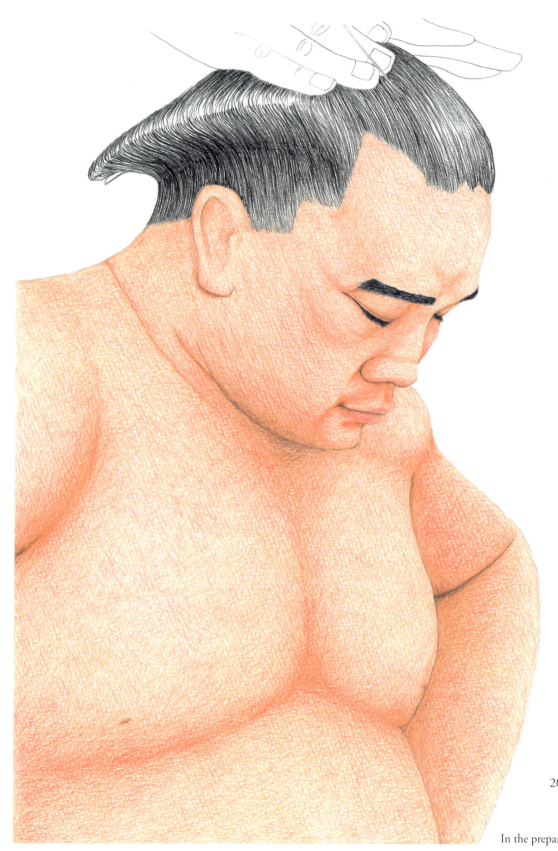

祈る
2009年5月場所 優勝決定戦前の支度部屋

Pray
May tournament 2009
In the preparation stable before having a match to decide a winner.

祈る　感謝
（日本相撲協会ツイッター掲載写真　「2014年4月館山巡業」の模写）
Pray and Thanks　(Illustration from the photo shown in the twitter of Nihon Sumo Kyokai [April 2014 Tateyama tour])

77

受け継ぐ
伝える

Succession

Transmittance

2015年5月場所前　大関を目指す弟弟子照ノ富士に胸を出す。
「次の時代を育て上げる義務があります」
Before May tournament 2015　Giving an exercise to Terunofuji, junior disciple who intends to get *Ozeki*.
"It is my duty to raise the next generation"

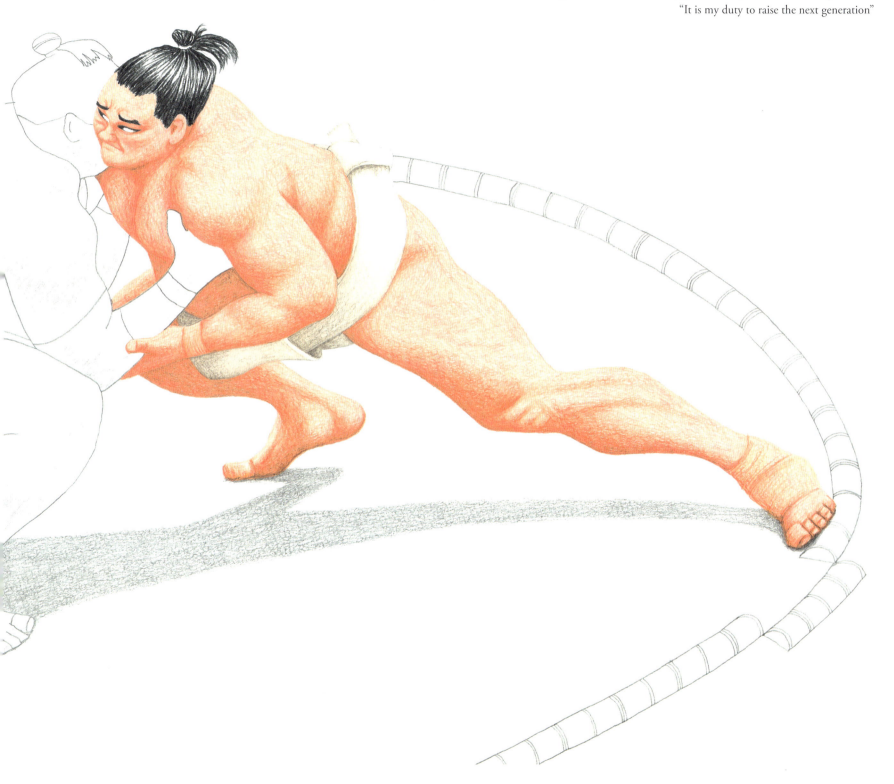

2012年9月　師匠の伊勢ヶ濱親方から不知火型の土俵入りを受け継ぐ
September 2012　Succeeding the form of *dohyo-iri* of Shiranui from Isegahama, *Oyakata*, or his mentor

昔から稽古の基本は**四股**、**てっぽう**、**すり足**、そしてぶつかり

Basic training techniques have been *Shiko*, *Teppo*, *Suriashi* and *Butsukari*.

未来の横綱
Yokozuna in the future

2010年2月　福祉大相撲
February 2010　Fukushi-ohzumo

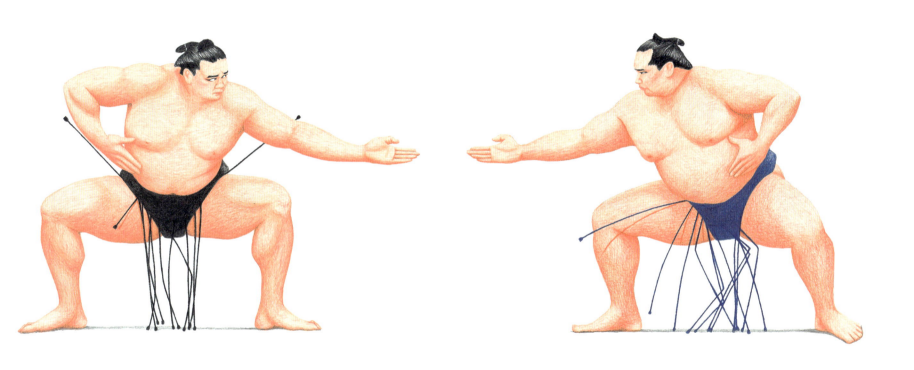

2016年10月　三段構え　「伝統文化を伝えていく」
日本相撲協会が主催した国際交流イベントで、日馬富士、鶴竜の両横綱が「三段構え」を披露した。国技館で行われるのは21年ぶり。
日馬富士は翌年の同イベントでは「横綱五人掛かり」の大役も務め、若手力士5人を次々投げ飛ばした。こちらは国技館で実施されるのは16年ぶりだった

October 2016　*Sandan-gamae*　"Transmitting the traditional culture"
In the international exchange event managed by Nihon Sumo Kyokai, Two *Yokozuna*, Harumafuji and Kakuryu, showed "*Sandan-gamae*", since 21 years shown at Kokugikan, or National Sumo Hall.
Harumafuji showed "*Yokozuna-gonin-gakari*" in the same event held in next year, throwing off five young *sumo* wrestlers, which was exhibited since the last one, 16 years ago.

感謝
かん しゃ

恩返し
おん がえ

Thanks

Requiting favors

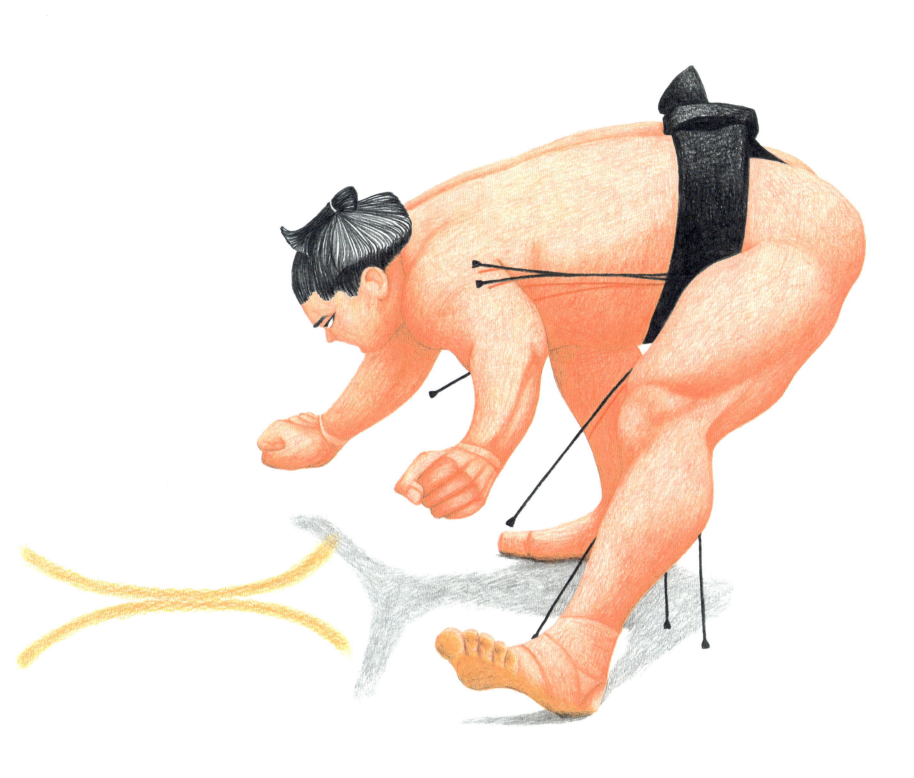

仕切り
Shikiri

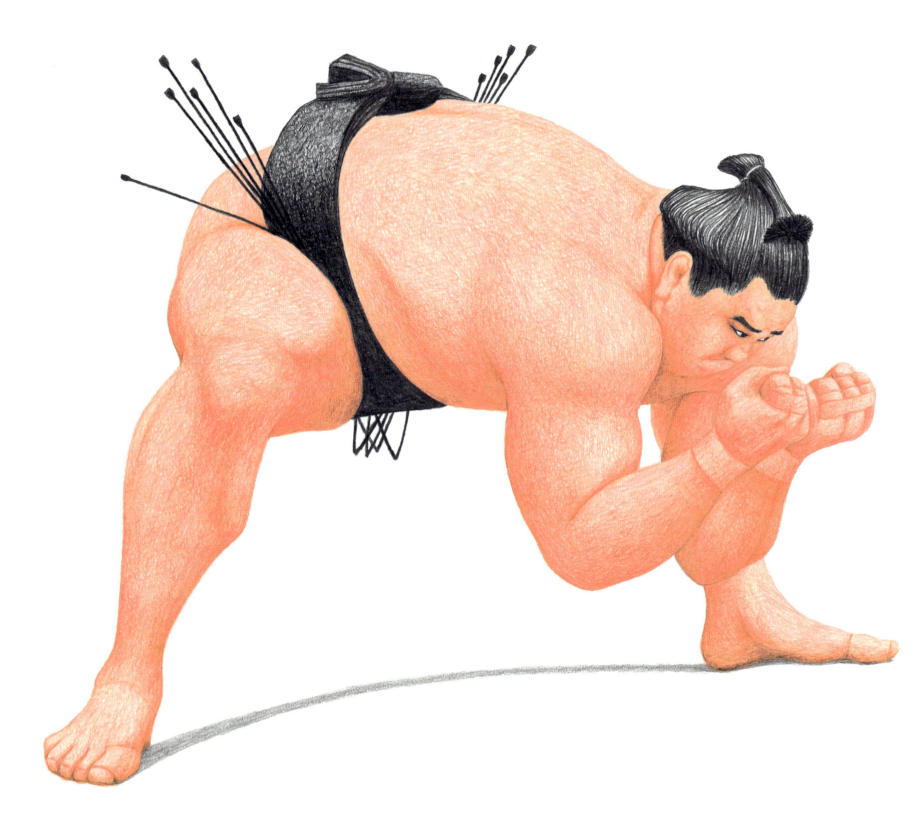

いくぞ！
"*Ikuzo!*"

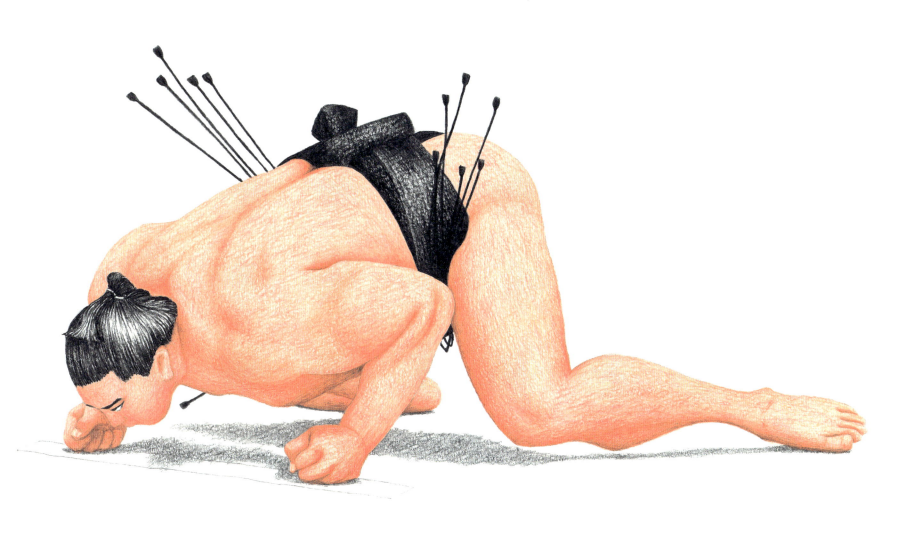

2012年3月場所　時間いっぱい！
March tournament 2012　*Jikan-ippai*, or in the limit to start matching

「お客さんに喜んでもらえる激しい相撲を取りたい」

"I want to have a bout that pleases audience"

2011年初場所
集中

January tournament 2011
Concentration

気力
Kiryoku, or Fighting spirit

2013 年初場所千秋楽
January tournament 2013, *senshuraku*

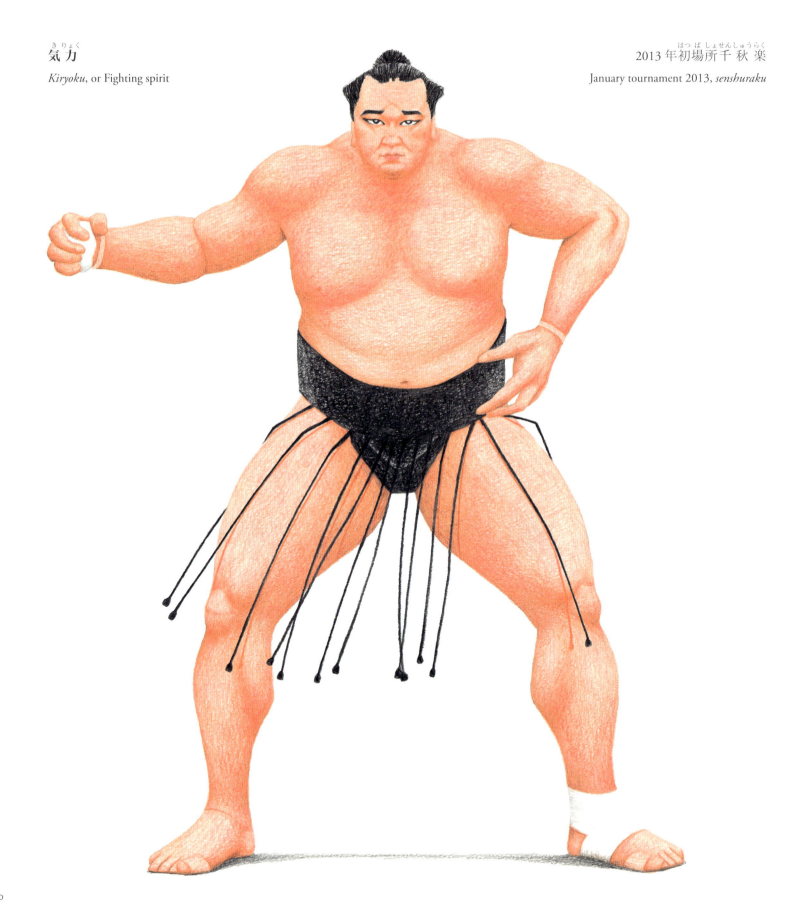

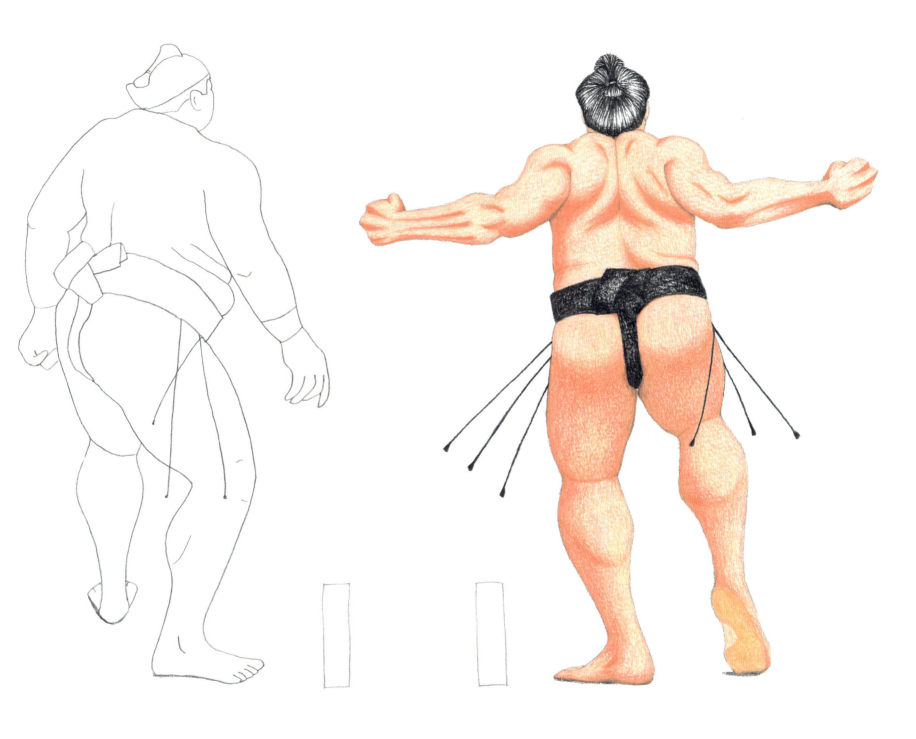

2010年初場所　対白鵬　仕切り最後の塩をとりに
January tournament 2010　Against Hakuho　Going to have salt before the last *shikiri*

立ち合い
Tachiai

2013年3月場所　対松鳳山　日馬富士の低い立ち合いに、松鳳山のもろ手づきがからぶり　　立ち合い

March tournament 2013　　Against Shohozan　　*Moroteduki* by Shohozan have no response toward the low *Tachiai* by Harumafuji　　*Tachiai*

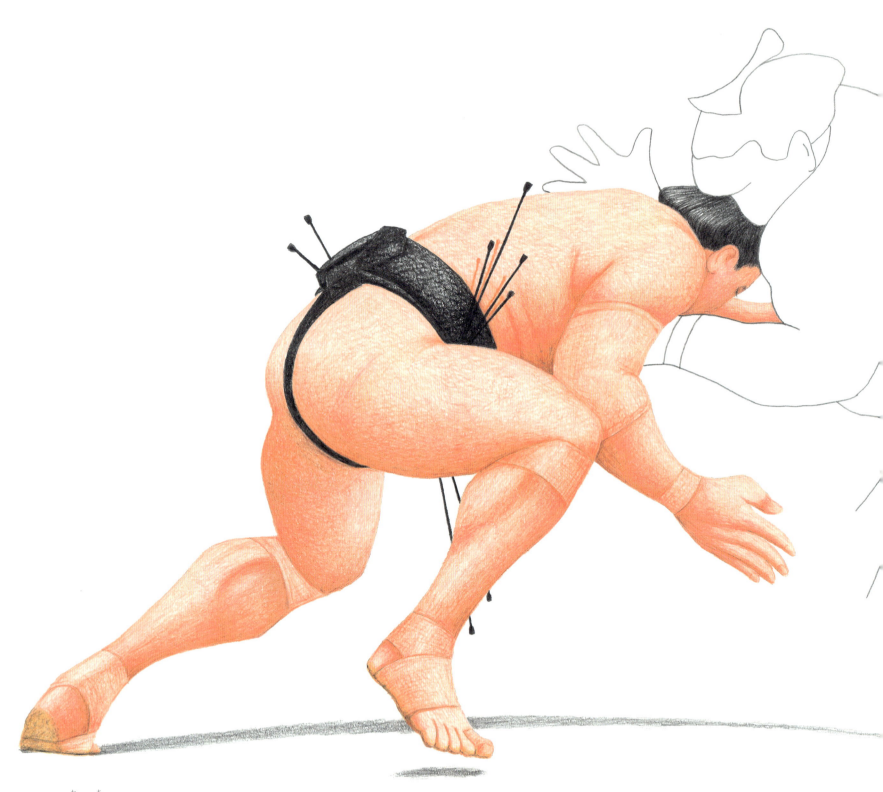

立ち合い
2016年7月場所　対稀勢の里　*Tachiai*　July tournament 2016　Against Kisenosato

「立ち合いで七割が決まります」
"*Tachiai* controls 70% of victory"

「目の前の一番に命をかけて、全身全霊で取りました」

"I exerted all my power against the current opponent on my life"

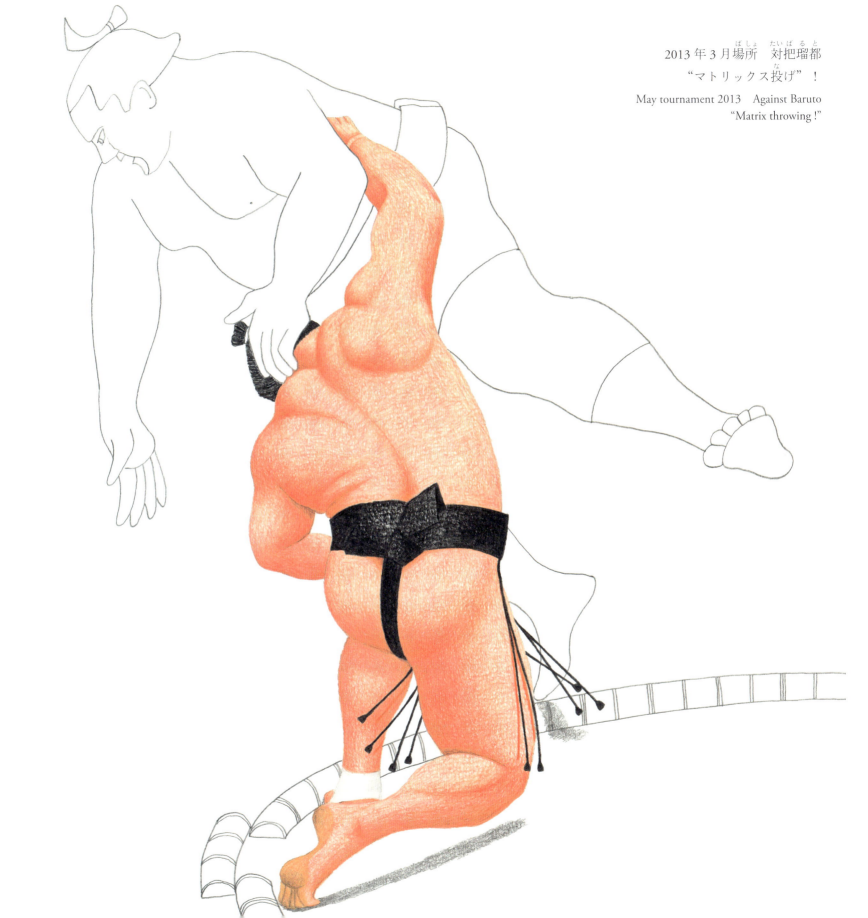

2013年3月場所　対把瑠都
"マトリックス投げ"！

May tournament 2013　Against Baruto
"Matrix throwing !"

2008年5月場所　対若ノ鵬
「世紀のうっちゃり！」

May tournament 2008　Against Wakanoho
"Most beautiful *Utchari* in the century"

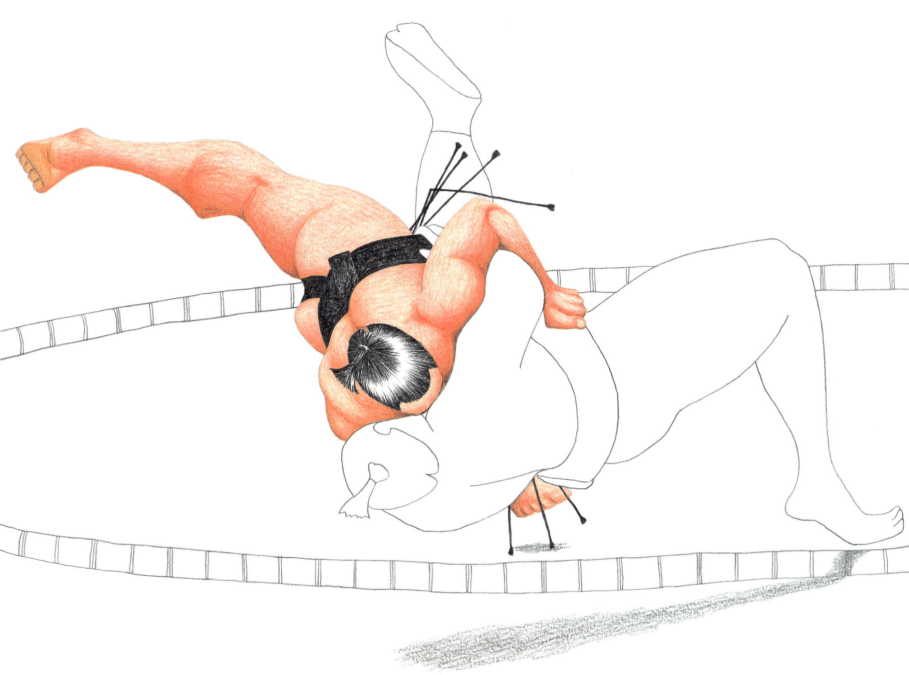

自分より 40 kg 近く重い若ノ鵬に土俵際まで追いつめられた安馬は、若ノ鵬をのせた左足を大きくけり上げ、宙に浮いた相手に乗りかかるようにして、空中で体を入れ替え、あざやかに逆転。懸賞金を受けとって土俵をおりるまで、割れんばかりの歓声と拍手が続き、翌日の新聞は「世紀のうっちゃり」「相撲史に残るうっちゃり」と絶賛した

Ama (current Harumafuji) who was forced to the fringe of *dohyo* by powerful Wakanoho weighing 40 kg over than Ama got a reversed winning brilliantly in the way through raising his left leg holding Wakanoho, followed by exchanging his body with Wakanoho's one in the air like overriding his body. Voices of applause and hands clapping followed until he stepped down the *dohyo* after receiving bundles of prize money, while newspapers in the next day gave great wonderful admiration by saying "most beautiful *Utchari* in the century!" or "the most historical *Utchari*!"

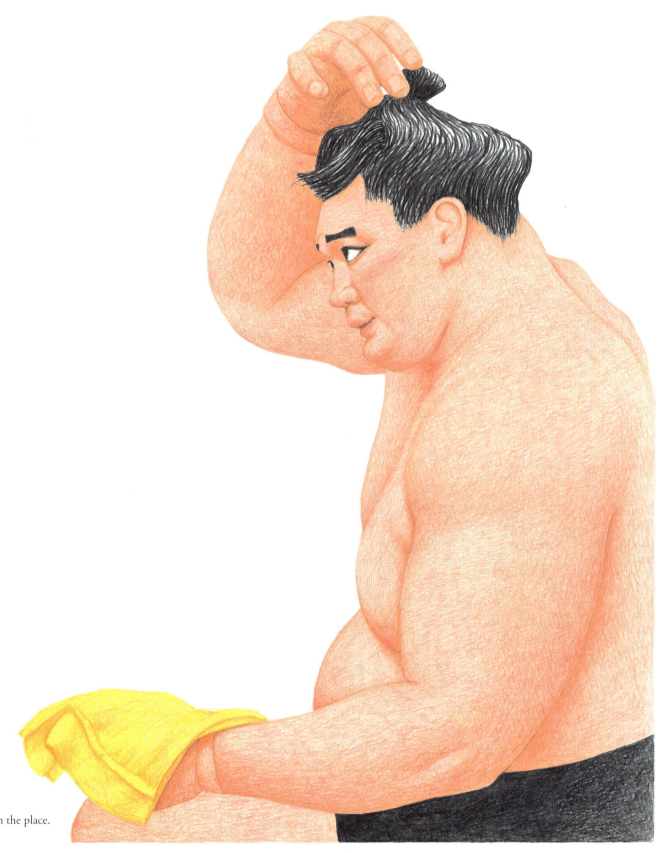

勝ち残り
「ほっと」

Kachinokori, or when a winner sits in the place.
"*Hotto*", or being relaxed

100

「勝ちには理由なし、負けには理由あり」
"There is no reason for winning, but, there is a reason for losing"

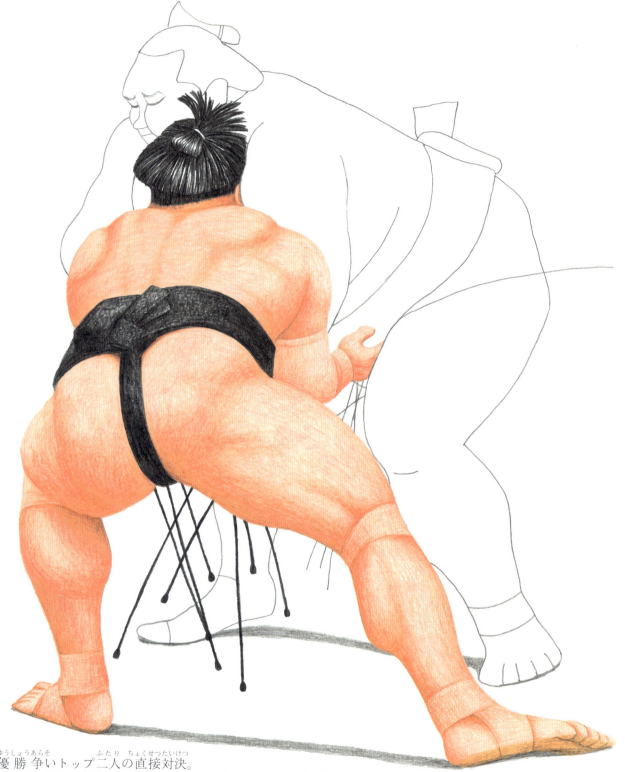

2016年7月場所　優勝争いトップ二人の直接対決。
日馬富士は稀勢の里得意の左を完全に封じ、稀勢の里が巻きかえにきた瞬間、信じられないスピードで一直線に走り、寄り倒した。
そのまま千秋楽まで勝ちつづけて8回目の優勝

July tournament 2016　Direct bout between two *rikishi*'s who compete victory
Harumafuji controlled Kisenosato's favorable left hand, in the moment when Kisenosato moved to exchange grasping hands, Harumafuji pushed straight forward with unbelievable speed, forced him down out of the *dohyo*. He kept on winning to get 8th championship.

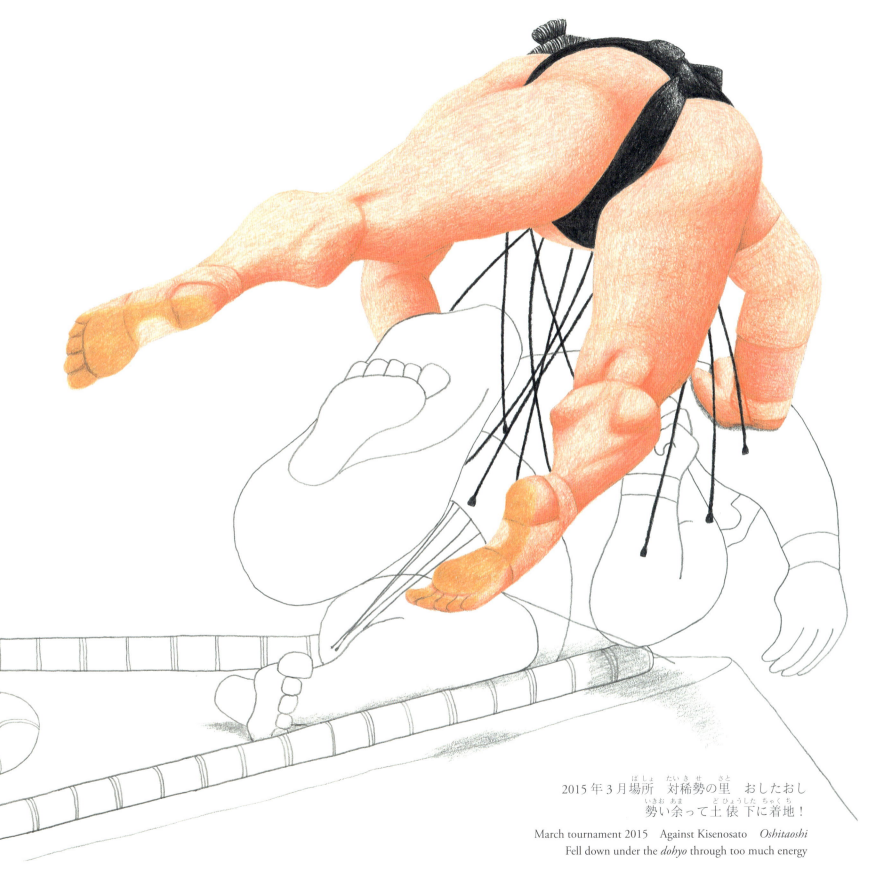

2015年3月場所　対稀勢の里　おしたおし
勢い余って土俵下に着地！

March tournament 2015　Against Kisenosato　*Oshitaoshi*
Fell down under the *dohyo* through too much energy

「一人で相撲は取れない。相手力士、ライバルたちにも感謝」

"I can't make a bout alone, appreciating my opponents and rivals"

2005年7月場所　対時天空
十両に同時に昇進した時天空。足取りあり、水入りの相撲もあり、二人の取組は、いつも熱の入った面白い相撲で、観客を沸かせた

July tournament 2005　Against Tokitenku

Tokitenku who promoted to *Juryo* division at the same time, was skillful like having the technique of *Ashitori*, and had a bout of *Mizuiri* between two. Their bouts were always of much fun, pleasing audience.

十代のころから何千回も何万回もいっしょに稽古をした稀勢の里。二人で競い合って番付を上げていった

Kisenosato, with whom I made thousands and ten thousands of training together since we were in tenth generation, raising the position in each division through competing together.

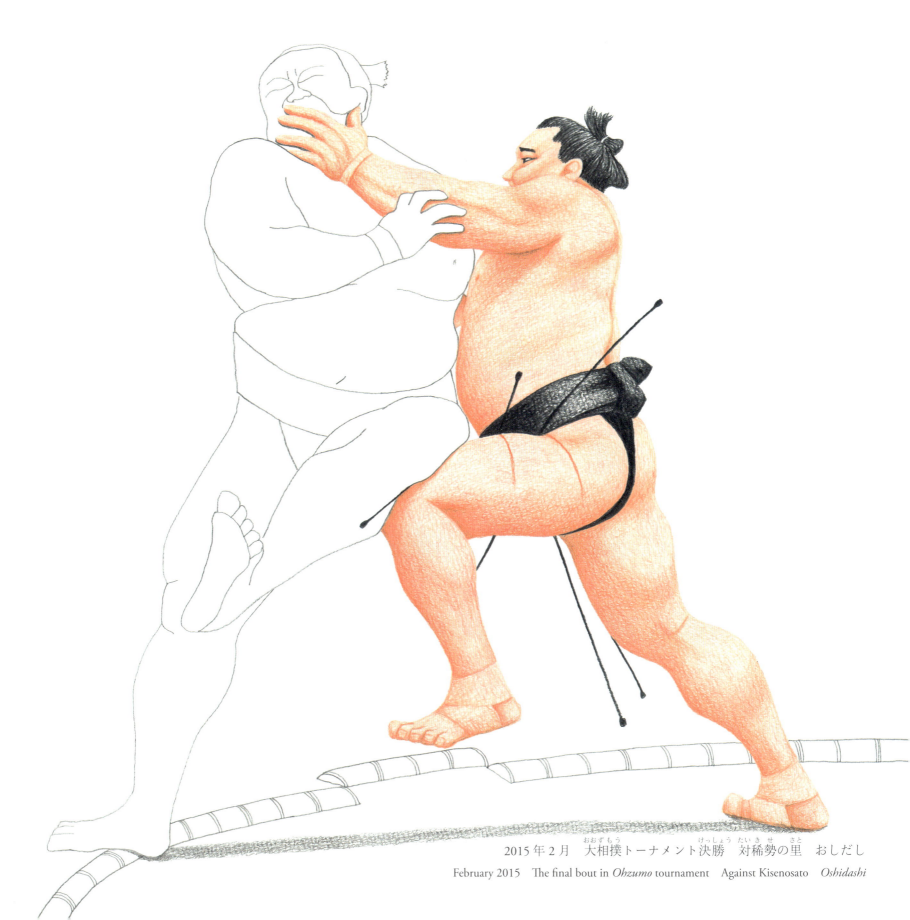

2015年2月　大相撲トーナメント決勝　対稀勢の里　おしだし
February 2015   The final bout in *Ohzumo* tournament   Against Kisenosato   *Oshidashi*

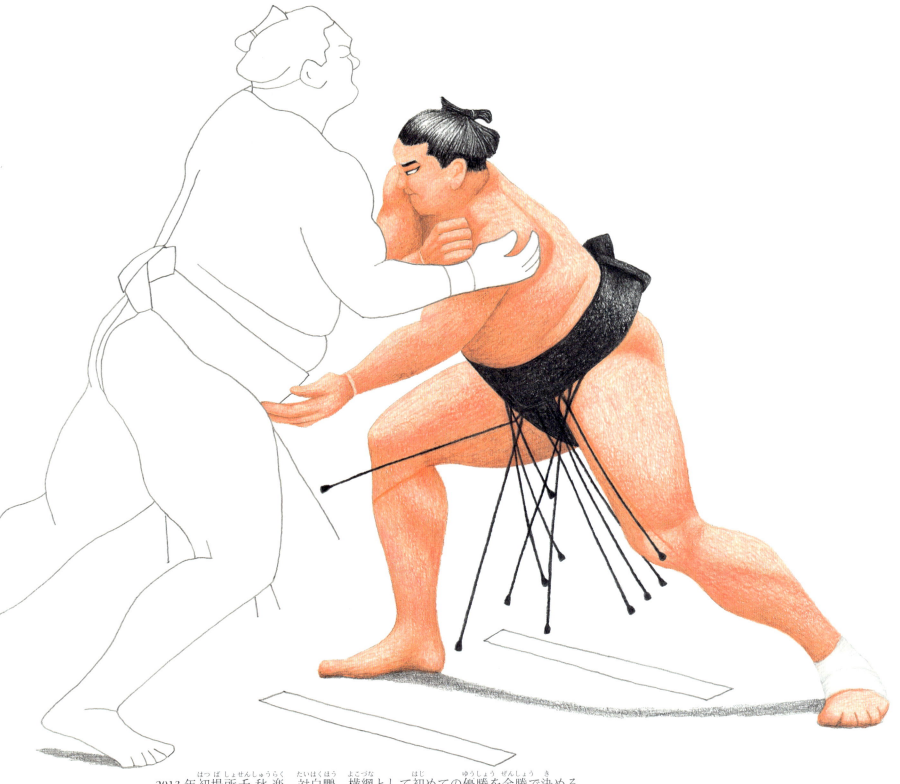

2013年初場所千秋楽　対白鵬　横綱として初めての優勝を全勝で決める。
「白鵬関は大きな大きな壁で、乗りこえなければ横綱にもなれないし、なっても勝たなければ優勝できない。
気持ちだけは負けないように、気合いを入れて相撲を取りました」

January tournament 2013, *senshuraku*　Against Hakuho　Completing the first time of 15 days winning as *Yokozuna* to get championship
"Hakuho has been a great big wall to surmount for me to reach *Yokozuna*. When I was *Yokozuna*, I couldn't get championship without beating him, then I tried hard to be against him through keeping always more energy and spirit than him."

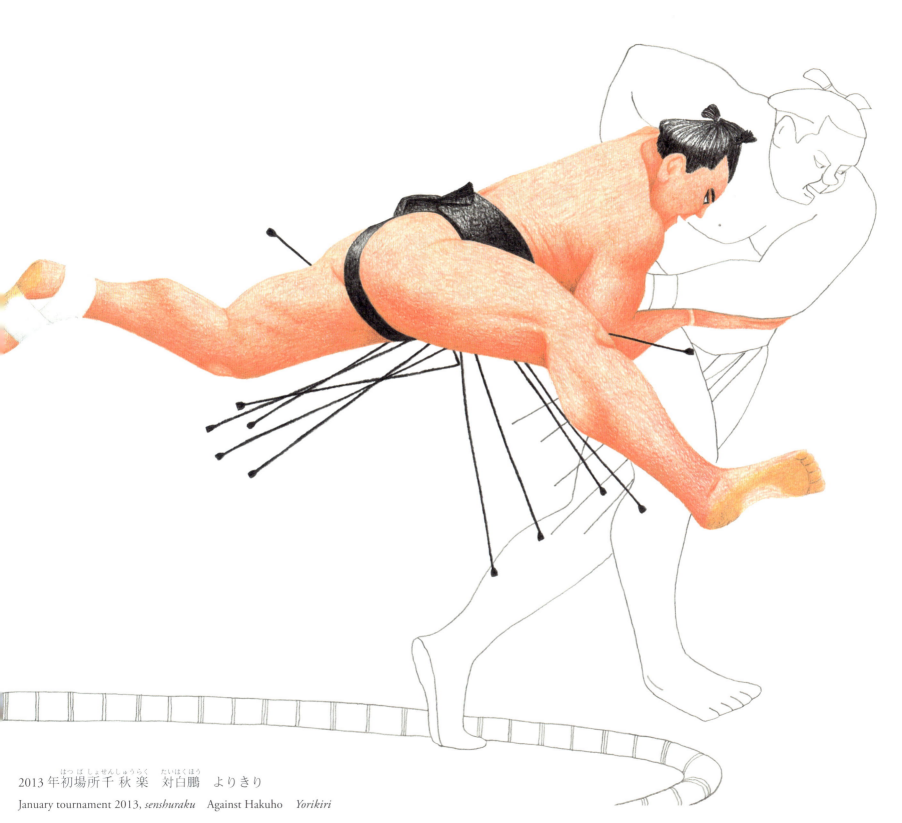

2013年初場所千秋楽　対白鵬　よりきり
January tournament 2013, *senshuraku*　Against Hakuho　*Yorikiri*

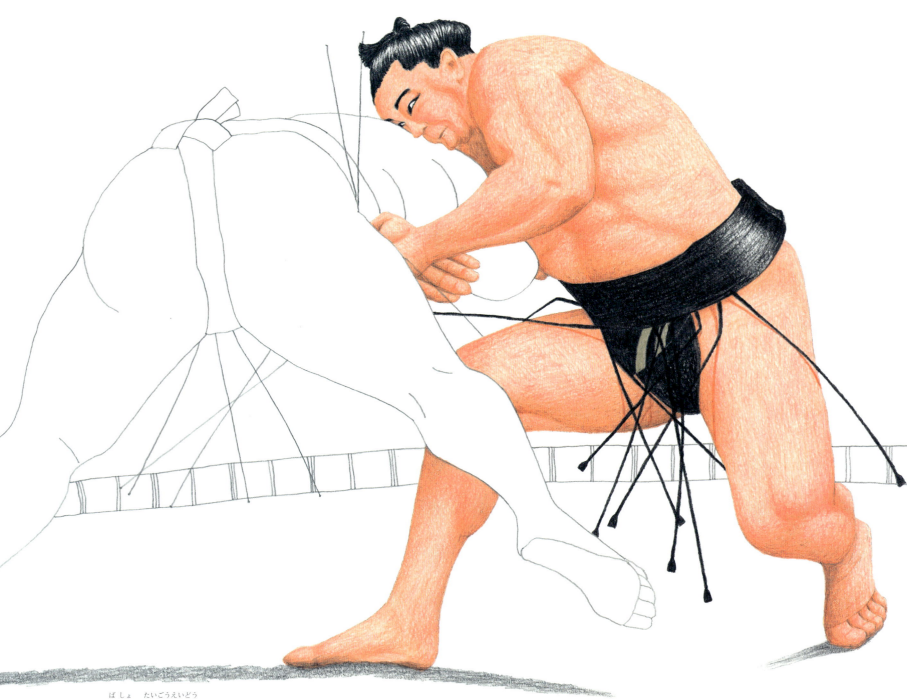

2012年5月場所　対豪栄道
豪栄道とは、初顔合わせでの送りつり落とし、豪栄道が全勝優勝した場所での首投げによる逆転負け、そして2017年9月場所の手に汗握る優勝争いなど、気迫と気迫がぶつかり合う激しい相撲で渡り合った

May tournament 2012　Against Goeido
With Goeido, I remembered lots bout; *Okuri-tsuriotoshi* at the first match, *Kubinage* defeat reversed in the tournament where Goeido got championship through perfect 15 days of winning, and vigorous competing to get championship in September tournament 2017. Our bouts were of vitality together with energy and spirits.

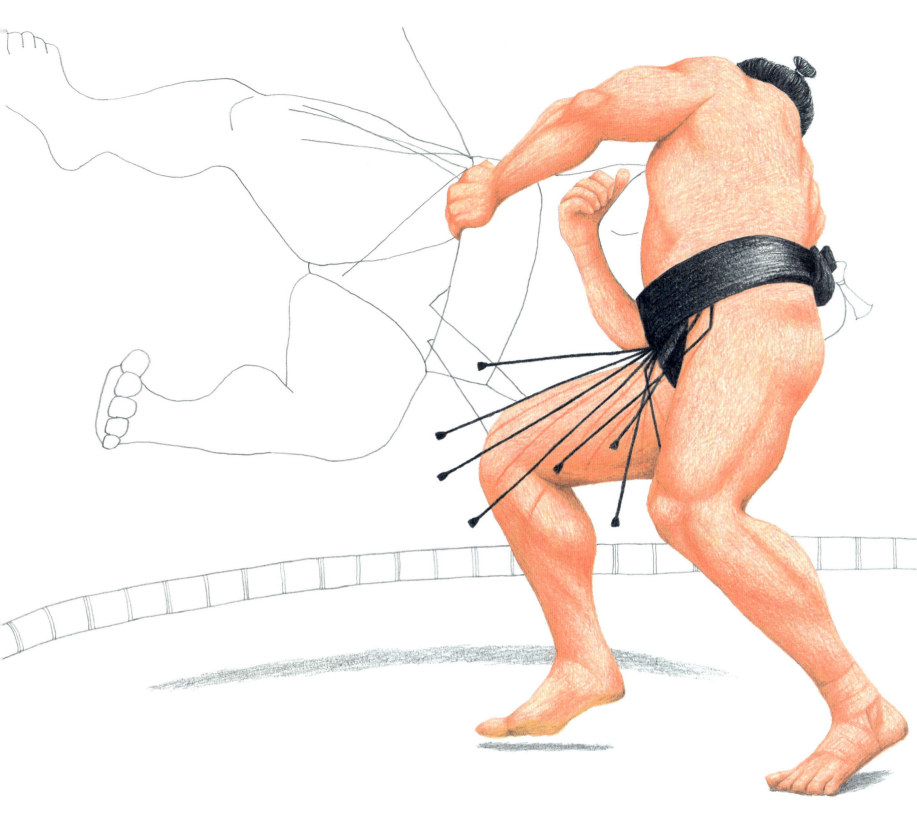

2012年5月場所　対豪栄道　内無双から上手投げ
May tournament 2012　Against Goeido　*Uwatenage* via *Uchimuso*

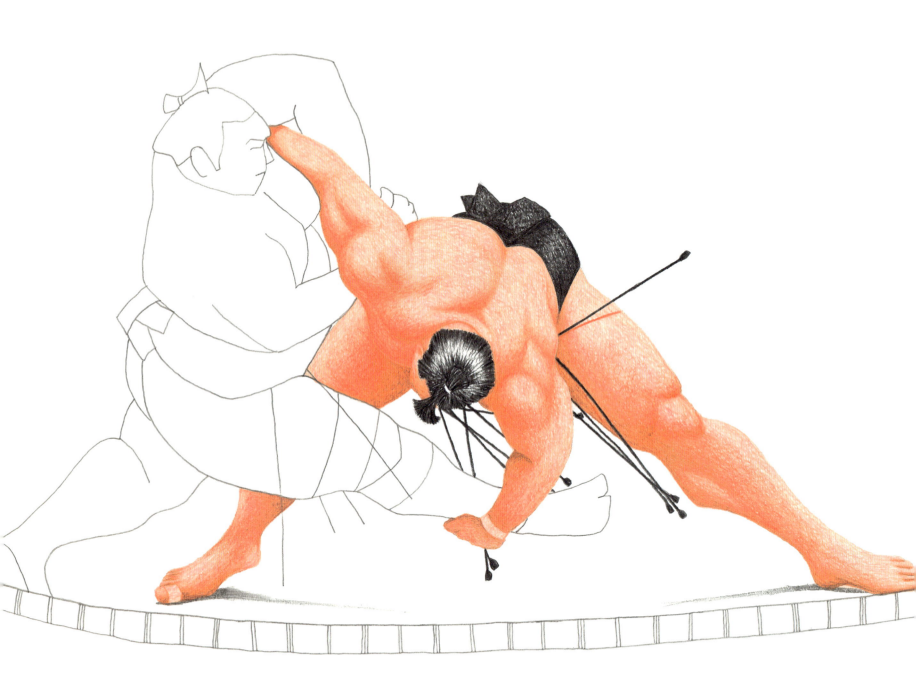

2013年11月場所　対豊ノ島　すそとり
November tournament 2013　Against Toyonoshima　*Susotori*

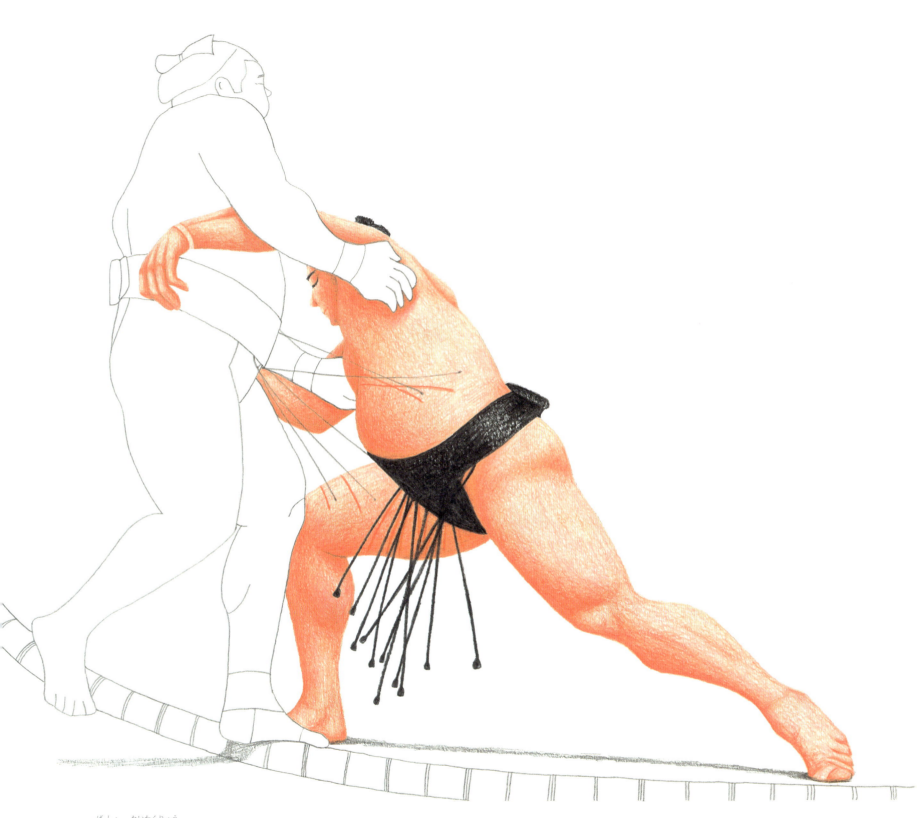

2013年11月場所　対鶴竜　よりきり
November tournament 2013　Against Kakuryu　*Yorikiri*

「相撲を通じて縁があって出会った方々、
親方、おかみさん、ファンのみなさん、後援会の方たち、友だち、家族、
いろいろな人たちに支えられている。いつも勇気をいただいている。
その方たちに恩返しがしたい、期待に応えたいという気持ちが強いから、
一生懸命努力を積み重ねられる」

"I have been supported by so many people acquainted with through *Sumo*;
Oyakata, *Okamisan*, lots of fan, supporting organization, colleagues, family, and others supporting me,
giving me a lot of bravery.
I want to requite their support, am intending to respond to what they expect,
can keep on making efforts through vigorous energy and spirit."

2013年初場所千秋楽　結びの一番
時間いっぱい

January tournament 2013, *senshuraku*　Final bout
In the limit of time

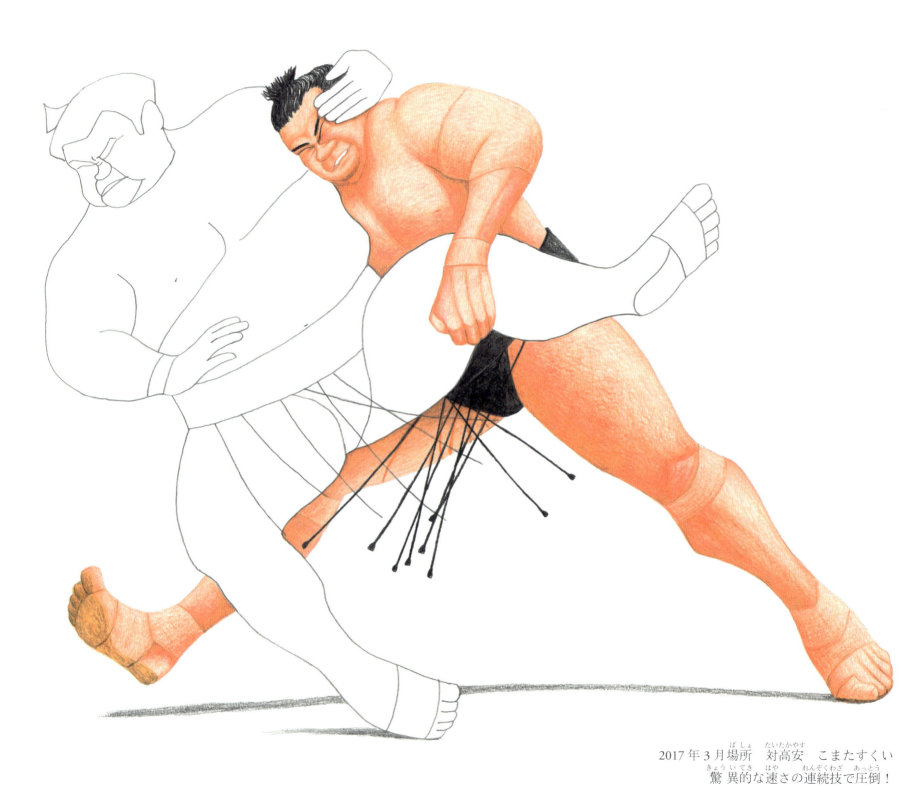

2017年3月場所　対高安　こまたすくい
驚異的な速さの連続技で圧倒！

March tournament 2017　Against Takayasu　*Komatasukui*
Overcoming him through unbelievable speed of consecutive techniques

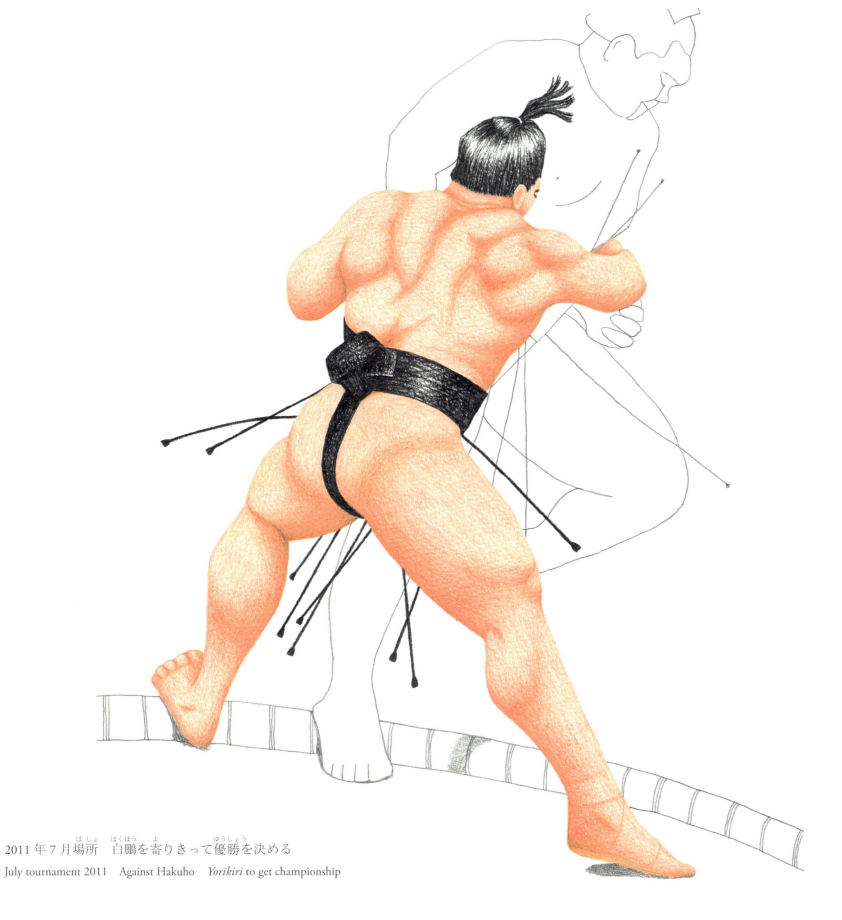

2011年7月場所　白鵬を寄りきって優勝を決める
July tournament 2011　Against Hakuho　*Yorikiri* to get championship

「土俵に上がることが恩返し。さらに結果を残すことが恩返し」

"Stepping up on the *dohyo* is a requital of favors, while leaving the results is also a requital of favors"

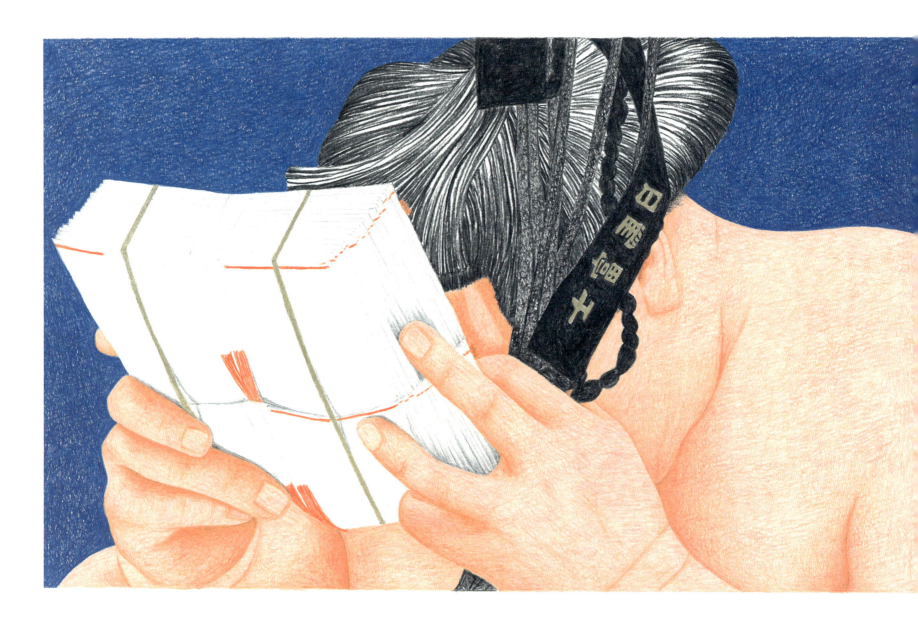

心
2013年11月場所千秋楽　六回目の優勝
November tournament 2013, *senshuraku*　6th championship

続ける
Continuing

2013年初場所　花道の出
January tournament 2013
Walking forward from *hanamichi*

積み重ねる
Accumulating

夢から恩返しへ

──あとがきにかえて──

日馬富士といえば、猛稽古。ほとんど彼の代名詞ともなっている。

三段目、幕下の頃から、1日100番を超えることも珍しくなかったその稽古は、番数の多さだけでなく、質においても角界一と言われてきた。

相撲の稽古はまさに命がけだ。まわし1本で、何の防具も無く、100kgを超える人間同士が思い切り土俵を蹴り、頭からぶつかり合う。それを誰よりも積み重ね、ついに幕内最軽量の体で横綱になったのが日馬富士だ。小さい体で自分より何十kgも重い相手と戦い続けるため、けがも多くなる。しかし、けがは稽古で治すもの、という相撲界の教えを守り、努力し、忍び、時にいったん引いてけがが癒えるのを待ち、また人の何倍もの努力を重ねて、横綱の責任を5年間果たしきった。

しかし、相撲の道は横綱で頂点に達するが、日馬富士の相撲の道は、そこから新たに大きな道となって広がる。日馬富士のもう一つの代名詞、ボランティア活動だ。

「自分の衣食が足りたら、人のために尽くしなさい」というモンゴルの両親の教えの下で育ち、若いころから常に、現役力士でいる間に何が出来るか、何をすれば人に喜んでもらえるかを模索してきた。また師匠である伊勢ヶ濱親方には「相撲が強いだけでなく、社会のために役立つ人間を育てた

い」という考えがあり、部屋の力士たちを伴って、積極的に施設や病院の訪問を行ってきた。地位が上がるにつれ、日馬富士は医療関係のNPOや、森づくりを実践する生態学の専門家など多くの人と出会い、さらに地域経済等を大学院で学び、具体的な行動に発展させた。

特に、日本・モンゴル両国の子供たちへの支援は力強い。大関に昇進した時期に、モンゴルの心臓病の子どもたちの医療支援を行っているNPOと出会い、活動への協力が始まった。プロ級の腕前である油絵の個展を開き、絵を売って、子どもたちの治療にモンゴルに渡るスタッフの渡航費などのためにその売上げを全額寄付したり、日本の子どもたちのためには巡業の移動の合間をぬって小児病院を訪れ、入院している子ども一人一人の状況を聞きながらいっしょに遊び、家族や病院スタッフを励ましたり、また日本国内での役目を終えた救急車や消防車をモンゴルに寄贈する橋渡しもしている。それらの車両の寄贈式には、場所前の緊張した忙しさの最中でも、往復数時間かけて駆けつけ、感謝の意を尽くした。また「いのちの森づくり」への協力や、自身の発案、奔走により、2018年9月にモンゴルで開校する学校の創設は、両国の子供たちの未来を見据えた活動だ。

日馬富士にとって、横綱であることよりも、横綱であることで、何を人のため、社会のためにできるかの方が大事だっ

たのだろう。力士としての17年は、常に困っている人、弱い人たちのために身を削り、時間を削って奉仕し続けた17年でもあった。そしてその活動や人との繋がりは、引退した後も続いている。『夢』から始まった相撲の道も、力士としての『成功』は、通過点に過ぎない。そこから『祈り』『仲間たち』を経て、『感謝、恩返し』に達する、それが日馬富士の相撲道だ。

平成30年8月

橋本委久子

From the dream to the requital of favors

If one asks a question like "who is Harumafuji ?", one might get an answer of "vigorous trainings", the word seems to be equivalent to his pronoun.

The trainings he had done since in the division of *Sandanme*, as well as, *Makushita*, were usually over 100 *ban* per day, in which it was said No.1 in *sumo* world, not only in the numbers of times, but also in its quality.

The training of *sumo* is really a matter of life and death. With one piece of *Mawashi*, without protective item, two persons weighing over 100 kg dashed together to match, with head-to-head clash. The lightest *Yokozuna*, who made more efforts than anyone else, was Harumafuji. Continuing fights against heavier opponents weighing over some 10 kg than him, he might get injured more than presumed. However, he believed that injury must be recovered through training as *sumo* world insists, keeping belief, making efforts, and enduring. At sometimes, he waited for recovering for a while, then, he repeated more efforts, completing 5 years of duties for *Yokozuna*.

The Way of *Sumo*, reached the top position as *Yokozuna*, however, his Way of *Sumo* did not stop at its position. His Way expanded in more wide direction, where it is, volunteering activity itself, being equivalent to his pronoun.

He has been grown under the guidance of his parents in Mongolia saying that "when your ordinary life was achieved, you must make contribution to others". Since his younger age, he tried always to wonder what he can do for others, what he can do, while he is a *rikishi* in *sumo* world, what pleases people. Isegahama *Oyakata*, his mentor, has a plan to not only raising strong *rikishi*, but also people making contribution to the society, being positive to visit facilities and hospitals with his disciples. Along the elevation in *sumo* world, Harumafuji made acquaintance with people in the field of medicine, NPO, professionals in ecology to create new forests, studying regional economy in the graduate school and developed his concrete activities.

He supported especially for children in both Japan and Mongolia. When he promoted to *Ozeki*, he met with people of NPO who made medical support to children with heart-associated disease in Mongolia and began supporting them. He held an exhibition of his oil paintings rated professional skill and sold them, donating all for the fees for members to go to Mongolia, as well as visiting the hospitals for children while touring in *sumo-jungyo*, where he played with each child in listening to, encouraging family members and hospital staffs. He donated ambulance and fire engines which were used in Japan to Mongolia. To the ceremony to send those, he took several hours to attend, expressing thanks. Another project "creating the forests of life" is also the issue, in which Harumafuji had great interest. He has more projects like creating school in Mongolia in September 2018 by his own idea and his activities, which is a symbol for him to think the future of children in both countries.

For Harumfuji, it is more important to make contributions as *Yokozuna* to the society than being *Yokozuna*. 17 years as *rikishi* in *sumo* world, were the times when he always is thinking to make contributions to weaker people, as well as, doing services in spared time. These activities and relationships between people have continued since his retirement. The Way of *Sumo* originating in his dream, is just the passing point of "success" as *rikishi*. Through "Pray", "Colleagues" to reach "Thanks" and "Requitals of favors", that is the *SUMODO* for Harumafuji.

August 2018   Ikuko Hashimoto

日馬富士の戦績

1984年4月14日、モンゴル、ウランバートル市に生まれる。2000年7月、安治川親方（元横綱旭富士、現伊勢ヶ濱親方）がモンゴルで開いた相撲大会でスカウトされ、9月来日、入門。安治川の安、モンゴルの象徴である馬、また安全な馬という意味も含め、さらに後に日本の父とあおぐ小巻公平の、公平の名を取り、安馬公平という四股名をもらう。新弟子検査時、身長180cm体重86kg。

2001年1月場所初土俵（16歳）。同年3月場所、序ノ口優勝。5月場所序二段、7月場所三段目に昇進。2002年3月場所、三段目優勝。5月場所幕下昇進。2004年3月場所十両昇進、同年9月場所十両優勝、11月場所新入幕（20歳、185cm、114kg）。

2005年3月場所、初の三賞、技能賞を獲得。2006年1月場所、横綱朝青龍から、2度目の挑戦で初金星。3月場所2度目の技能賞。5月場所、小結に昇進するが、4勝11敗と大きく負け越す。9月場所、幕内になって初の初日から6連勝、最終的に11勝4敗で優勝次点となり、初の敢闘賞。2007年1月場所、初日直前に交通事故で父を亡くしたが、気迫の相撲で10勝をあげ、翌場所、5場所ぶりに小結に復帰した。5月場所、新関脇で勝ち越し。9月場所、初めて横綱白鵬を破る。この場所から3場所続けて白鵬に勝ち、3場所連続殊勲賞。同年11月、安治川親方が年寄名跡を襲名したため、

部屋名が伊勢ヶ濱部屋となる。

2008年7月場所関脇で10勝、9月場所12勝、11月場所は13勝2敗で白鵬と優勝決定戦。敗れはしたものの、直近3場所で合計35勝となり、大関昇進を決める。同時に四股名も日馬富士公平に。出雲大社相模分祠分祠長草山清和により、師匠旭富士の富士、モンゴルを表す馬、そして角界を照らす太陽になれ、という願いをこめて、日の字がつけられた。

2009年1月場所、新大関（24歳、185cm、126kg）。初日から4連敗、前半3勝5敗で心配されたが、14日目に勝ち越し。同年5月場所は初日から12連勝、本割で負けた白鵬を決定戦で下して初優勝。翌場所は初の綱取り挑戦となったが9勝6敗に終わり、その後もひざのけがなどで、苦しい場所が続いた。2010年秋巡業で右肩を亜脱臼、なんとか11月場所に出場したが、足首も傷めてしまい、4日目から休場。2011年1月場所は、初の角番となったが8勝7敗で切り抜けた。

2011年7月場所、初日から白星を積み重ね、14勝1敗で2年ぶり、2回目の優勝を決めた。翌場所は2度目の綱取り挑戦となったが、場所前からの体調不良で8勝7敗に終わり、その後もなかなか本調子には戻れなかった。

2012年7月場所は初日から白星を重ね、白鵬とともに連勝

を続ける。終盤は2人のマッチレースとなり、ついに優勝争いは29年ぶりの千秋楽全勝対決となった。1場所15日制になった1949年以降、千秋楽の全勝対決は4回しかなく、いずれも横綱同士で、大関・横綱の対決は、これが初めて。その一番、日馬富士がスピードと動きで圧倒して完勝。3回目の優勝は、初の全勝優勝となった。

2012年9月場所、3回目の綱取り挑戦。序盤を5連勝でのりきり、中日にストレートで勝ちこし。10日目に、やはり全勝だった白鵬が敗れ、日馬富士が優勝争いの先頭に。その後も大関陣を圧倒し、千秋楽結びで1敗の白鵬に勝つか、決定戦で勝って優勝すれば綱取りは確実となった。その結び、立ち合いから常に日馬富士が優位に攻め、最後は自分の体を軸にして白鵬をふりまわすように下手投げをうちつづけ、たえきれなくなった白鵬は土俵にくずれ落ちた。1分47秒の死闘を制して、ついに**第70代横綱日馬富士が誕生**した。

2012年11月場所、新横綱（28歳、185cm、135kg）。初日に勝って、5月場所千秋楽から続いていた連勝を32とする。30連勝以上した力士は、昭和以降9人しかいない。しかしこの場所は9勝6敗に終わった。横綱2場所目の**2013年1**月場所は、初日から白星を連ね、6日目で早くも優勝争いのトップに立つ。そのまま連勝して14日目に優勝を決め、千秋楽も白鵬を圧倒し、横綱としての初の優勝を全勝で飾った。同年11月場所は、日馬富士・白鵬の両横綱が1敗で千秋楽を迎え、横綱同士としては5年ぶりの相星決戦となった。日馬富士が渾身の寄りで白鵬を正面土俵に寄り切り、6度目の優勝。しかし翌12月、トレーニング中に左足首の靭帯を傷め、**2014年**1月場所は、入門以来初の全休となった。

休場明けの3月場所は12勝で優勝次点となり、その後も二桁勝利を続けたが、9月場所5日目、取組中に相手力士の頭が日馬富士の右目を強打し、眼窩内壁骨折という大けがで翌日から休場。10月の秋巡業は休み、11月の出場も周囲は危ぶんだが、日馬富士は10月の中頃からトレーニングを開始、番付発表後から土俵に入っての稽古を始め、初日3日前、出場を正式決定。初日の相手は、巨漢の逸ノ城と決まった。けがの場所が場所だけに、恐怖心があるのでは、と心配されたが、まったく迷いなく頭から鋭くあたって200kg近い相手を一気に寄り切り、この場所万全とは言えない中で14日目まで優勝を争った。

2015年5月場所、千秋楽まで優勝圏内にいたものの、自身の取組前に優勝可能性はなくなった。しかし、結びの一番で白鵬を破ることによって弟弟子・照ノ富士の初優勝と大関昇進をサポートした。この場所後、日馬富士は長年悩まされてきた右肘を手術。全身麻酔で骨棘などを10個取り出すという大手術だった。1ヶ月後から稽古を再開、急ピッチで7月場所に間に合わせたが、初日にその右肘を強打、靭帯損傷で、その場所2日目からと翌場所、連続休場となった。

2015年11月場所、4ヶ月ぶりの土俵とは思えない動きの良さで、初日白星。2日目は落としたものの、3日目から連勝し、13日目に全勝の白鵬と1差での対決となった。その1番、白鵬を圧倒する速さで攻め続け、最後はのしかかるように寄り倒し、トップに並んだ。取組後、支度部屋に戻った日馬富士は疲労困憊して、風呂に行くために立ち上がる力も残っていなかったという。その後白鵬が星を落し、日馬富士は7回

目、2年ぶりの復活優勝。7回目の優勝は、幕内最軽量力士（133kg）として5回目の優勝でもあった。

この優勝の後、けがなどが重なり、なかなか最終盤まで優勝にからむことができなかった。2016年7月場所も、3日目、9日目と敗れ、優勝争いから遠ざかってしまったかと思われた。ところがトップを走っていた力士たちも次々と敗れ、ついに10日目が終わった段階で、5人が2敗で優勝争いのトップに並ぶ大混戦となった。そこからまた1人1人脱落していき、2敗を守った日馬富士と稀勢の里が13日目に直接対決。その一番、立ち合いで勝った日馬富士が圧倒し、ついに単独トップに。千秋楽も厳しい立ち合いからがぶって白鵬に完勝、8回目の優勝を決めた。この年は、多くのケガにも係らず全6場所15日間勤め上げ、報知新聞社が制定する『報知年間最優秀力士賞』を受賞した。

2017年9月場所は、4横綱のうち、日馬富士以外の3横綱が初日から休場、大関も、3人のうち2人が序盤から休場、実に99年ぶりという異例の場所となった。大関として1人出場を続けた豪栄道は、黒星発進ながら2日目から連勝。1人横綱の日馬富士は、初日、2日目と勝ったものの、3日目に不運な星を落とすと、その日から3連敗。序盤で負けが先行した。満身創痍でもあり、休場も危ぶまれたが出場を続けた。関脇、小結も序盤で連敗したため、中盤の優勝争いには、大関1人と多数の平幕力士が名を並べた。日馬富士は10日目にもこの場所4つ目の金星を配給してしまい、11日目終了時点で1敗豪栄道が単独トップ、2敗はなく、3敗で平幕3人、日馬富士はトップと星の差3つとなり、大相撲が15日制になってから、11日目での3差をひっくり返して優勝

したケースは1度もない、とメディアは伝えた。

豪栄道はこのまま13日目にも優勝を決めるのではないかと思われたが、12日目、13日目と連敗。豪栄道を2差以内で追っていた平幕力士たちも次々敗れ、逆に自力優勝の可能性が出てきた日馬富士は好調の三役を連続圧倒。ついに13日目が始まる時には11人が圏内にいた優勝争いは、その日の終了時点で3敗の豪栄道、4敗の日馬富士と幕尻で新入幕の朝乃山の3人に絞られた。そして14日目、朝乃山は早々に敗退、日馬富士と豪栄道はともに気迫あふれる相撲で勝ち、ついに千秋楽結びに優勝争いは持ちこまれた。その結びは日馬富士が圧倒し、優勝決定戦へ。支度部屋でほとんど動かなかった豪栄道に対し、日馬富士は小兵の弟弟子、十両の照強を呼んで、何度も低い立ち合いを確認。その気合の差がそのまま表れて、決定戦は1秒余りで日馬富士が圧倒。ついに9回目の優勝を大逆転でもぎ取った。

そしてこれが現役最後の優勝となった。2017年11月場所後引退。33歳。幕内通算712勝は歴代6位、優勝回数9回は歴代15位、全勝優勝3回は歴代10位。幕内最軽量の場所で全勝優勝しているのは日馬富士のみである。三賞は殊勲4回、敢闘1回、技能5回の計10回で歴代18位。また、金星配給40個で歴代2位という記録もあるが、これは不調の場所でも、横綱の権利でもある「休場」という手段を取らず、最後まで綱の責任を全うするために出場し続けた証拠でもある。　　　　　（歴代の記録は2018年7月場所終了時）

Accomplishments of Harumafuji

On April 14th, 1984, he was born in Ulan Bator in Mongolia. In July 2000, Ajigawa *Oyakata* (ex-*Yokozuna* Asahifuji, currently Isegahama *Oyakata*) held *sumo* exhibition, where he was scouted. In September, he came to Japan to enter Isegahama stable. He was named Ama, where *A* is from Ajikawa stable, *ma* means horse symbolizing Mongolia. At the test for entrance, he was 180 cm high and 86 kg weigh.

Hatsu-dohyo was in January tournament 2001, 16 years old, followed by championship in *Jonokuchi* division at March tournament, the same year. He was located at *Jonidan* in May tournament, in the same year, followed by promoting to *Sandanme* in July tournament. In March tournament 2002, he got championship in *Sandanme* division, followed by promoting to *Makushita* division. In March tournament 2004, he promoted to *Juryo* division, where in September tournament, he got championship, followed by entering *Makuuchi* division, 20 years old, 185 cm high and 114 kg weigh.

In March tournament 2005, he got *Gino* Prize, one of the three prizes given to an excellent performance. In January tournament 2006, he won over Asashoryu, getting the first Gold prize in the second challenge. In March tournament 2006, he got second time

of *Gino* prize, promoted *Komusubi* in next tournament. In May tournament 2006, he won 4, but, lost 11. In September tournament 2006, he got six consecutive wins since promoting to *Makuuchi*, finally 11 win and 4 losses, next to championship, receiving *Kanto* prize. In January tournament 2007, he lost his father in traffic accident just before opening January tournament, but, he made bouts with energetic performance to get 10 wins. He returned to *Komusubi* after 5 tournaments. In May tournament at the same year, he won over as new *Sekiwake*. In September tournament, he defeated Hakuho in the first time. Since this tournament, he won over Hakuho in three consecutive bouts, getting three consecutive winner for *Shukunsho* prize. In November 2007, Ajikawa *Oyakata* succeeded *Toshiyori-meiseki*, the name of stable changed to Isegahama stable.

He got 10 winnings as *Sekiwake* in July tournament 2008, 12 winnings in September tournament. In November tournament, 13 winnings and 2 losses, where competed with Hakuho to decide championship. He did not win, however, accumulation of 35 win in recent tournaments gave him a chance to promote to *Ozeki*, while at the same time, his *Shikona*, or an official *sumo* name, was changed to new one, Harumafuji, in which *fuji* came from Asahifuji, his mentor, *ma* means a horse symbolizing Mongolia, and *Haru* from the sun hoping that he must be like the sun illuminating whole *sumo* world.

He promoted to New *Ozeki* in January tournament 2009, 24 years old, 185 cm, 126 kg. Four consecutive losses since the start, in the first half stage, with 3 wins ad 5 losses, but, got 8 wins in 14th day. In May tournament in the same year, he got 12 consecutive wins and got the first time of championship after defeating Hakuho in the decisive championship bout, while he lost in the *Honwari*. Next tournament was the first challenge to promote *Yokozuna*, however, his result was 9 wins and 6 losses, followed by troublesome tournament with knee injury. In Autumn *jungyo* 2010, he got injured with right shoulder, he made bouts in November tournament, but, got injury at his ankle, rested thereafter. January tournament 2011 was the first *Kadoban*, however, he achieved 8 wins and 7 losses to stay in the position as *Ozeki*.

In July tournament 2011, he got series of win, to reach 14 wins ad 1 loss to get 2nd time of championship. Next tournament was the 2nd time of challenging to promote to *Yokozuna*, but, finished 8 wins and 7 losses, in bad condition. It was hard for him to recover good condition.

In July tournament 2012 was fairly good, in which through getting consecutive wins, he and Hakuho kept on winnings, in the final stage, both competed hard like a match race, final bout was in no loss match between two, since 29 years ago. Since 1949, where one tournament consists of 15 days, no loss perfect match was four

times between *Yokozuna*s, match between *Ozeki* and *Yokozuua* was the first time, where Harumafuji showed very speedy performance to surmount Hakuho, to get third time of championship.

In September tournament 2012, he challenged to get *Yokozuna* in third time. During earlier stage, he got five straight winnings. At the turning point of 8th day, he won over. In 10th day, he got the top contender, while Hakuho who had perfect winnings at this stage was defeated. Thereafter, Harumafuji conquered *Ozeki*, it was sure for him to promote to *Yokozuna*, if in the final bout he would defeat Hakuho with one loss, or he would win over Hakuho in the decisive championship bout. It came the final bout, where he felt superior position over Hakuho, kept on making aggressive stance, giving *Shitatenage* consecutively, finally, Hakuho who felt giving up his endurance, fell down on the *dohyo*. Harumafuji got over 1 minute 47 second of fierce bout to win, making birth 70th *Yokozuna* at this moment.

In November tournament 2012, he became a new *Yokozuna*, 28 years old, 185 cm, 135 kg. He won in the first day, extending consecutive winnings to 32 starting in *senshuraku* of May tournament. There are only 9 *rikishi*s since *Shouwa* period who got consecutive winnings more than 30. He finished 9 wins and 6 losses in this tournament. In January tournament 2013, the second tournament since he promoted to *Yokozuna*, he kept on winning from the start, becoming the top in 6th day, keeping his pace to win, decided championship in 14th day, while at *senshuraku*, he surmounted Hakuho to get perfect winnings of 15 days as the first championship since he promoted to *Yokozuna*. In November tournament the same year, both *Yokozuna*, Harumafuji and Hakuho, had one loss in the final day, where Harumafuji forced out Hakuho to get 6th time of championship. In next December, however, Harumafuji got injured left ankle during training. He rested a whole January tournament 2014, for the first time since entering *sumo* world.

In March tournament after resting, he got 12 wins which was second to championship, thereafter, he kept winning over 10. In 5th day of September tournament, opponent's head clashed Harumafuji's right eye by which he got injured terribly in his eye called *ganka-naiheki-kossetsu*, refrained from playing *sumo*. He did not participated in the fall *jungyo* in October. Most people worried about doing bout in November tournament, however, Harumafuji started training in the middle of October, exercising *keiko* after *bantsuke* was published, announced officially just 3 days before, that he decided to participate. An opponent in the first bout was Ichinojo, a big *sumo* wrestler. People thought that Harumafuji might have a fear against a big person after getting injured, however, he won by *yorikiri* against about 200 kg weigh opponent through a sharp clash without any feared mind, competing championship by 14th day even in not best circumstances.

In May tournament 2015, he stayed in the position competing championship by *senshuraku*. But, there was no chance to get championship before he made his bout. He defeated Hakuho, helping Terunofuji, his junior disciple get the first championship and promote to *Ozeki*. After this tournament, he got operated under great surgery in which from his right elbow suffering a long

time, 10 pieces of small bone spine were removed. One month later the operation, he restarted exercises, he adjusted to participate in July tournament, where in the first bout he got a strong clash in his right elbow causing a ligament injury, rested a whole remaining days and next tournament, respectively.

In November tournament 2015, with an unbelievable performance since 4 months rest, he won the first bout, but, he lost the second one. He kept on winning from the third bout and had a match against Hakuho in the 13th day, who had a complete won during 12 days, where he continued incessant assault against Hakuho, finally he gave a stormy *yorikiri* over Hakuho and won to be paralleled with the same score. After the bout, Harumafuji returned to the preparation stable, but completely exhausted, having almost no power even to go bathing. Thereafter, Hakuho lost in the following bout, Harumafuji won 7th championship, restoring since two years, which was 5th victory for the lightest (133 kg) *rikishi* in *Makuuchi*.

After this victory, he could not compete in the championship race with successive injury. In July tournament 2016, he lost in 3rd and 9th day bouts resulting in that his victory seemed a long way to reach, however, *rikishi*s who were in the top group kept losing unexpectedly, followed by the fact that 5 *rikishi*s were paralleled in getting championship in the 10th day. From this situation, one by one was dropped by losing, Harumafuji and Kisenosato who kept 2 loses were coped with each other in 13th day, where Harumafuji was superior position in *tachiai*, overwhelming Kisenosato, became a sole lead in the race. In *senshuraku*, he got a perfect win over

Hakuho through severe *tachiai* and *gaburi*, achieving 8th championship. In this year, he completed 6 tournament of 15 days, in spite of lots of injury and received "*Hochi-nenkan-saiyushu-rikishi*" prize, or the most brilliant *rikishi* prize, sponsored by Hochi Newspaper Co. ltd.

In September tournament 2017, three *Yokozuna* except Harumafuji among four ones, could not participate from the start, while two *Ozeki* among three could not, leaving an unusual tournament since 99 years ago. Goeido, only one *Ozeki*, lost at the first day, however, kept on winning. Harumafuji, as only one *Yokozuna*, won at the first and second days, but, lost unfortunate bout, continued consecutive three losses. In the earlier stage, defeats were proceeded. Harumafuji, in his worst conditions, suspecting if he would retire, however, kept on matching. While *Sekiwake* and *Komusubi* lost in the earlier stage, the contention to get championship in the middle stage, was for *Ozeki* and a lot of *Hiramaku rikishi* to compete. Harumafuji gave fourth *Kimboshi* in this tournament, then, at 11th day of the tournament, Goeido was top with one loss, no *rikishi* with two loss, three *Hiramaku rikishi* with three loss, difference between Harumafuji and top *rikishi* was three count, while media addressed that no case was available, in which *rikishi* with three count behind got championship ever in *sumo* history.

It was thought for Goeido to reach championship in 13th day, however, he lost consecutively in 12th and 13th bout. *Rikishi* at *Hiramaku*, respectively, lost in the similar ways, while for Harumafuji possibility to reverse the situation to get victory was counted, he overcome *Sanyaku rikishi*, having a chance to win the chance. In 13th day of the tournament, competition to get championship was focused among three *rikishi*s; Goeido with three losses, Harumafuji and Asanoyama with four losses. In 14th day, Asanoyama lost, but, Harumafuji and Goeido won in energetic bout, leading the championship to be contested in the final bout. In 15th day, Harumafuji surmounted Goeido, it lead the special bout to decide the ultimate winner. Goeido was almost motionless in the preparation stable, however, Harumafuji made several times of rehearsal with Terutsuyoshi, a rather small *rikishi* at *Juryo* division, confirming the secured lower *tachiai*. In the final bout, difference of *Kiai*, or fighting spirits, was expressed, leading Harumafuji the ultimate winner in one second, who got 9th victory in *Makuuchi* division.

And, this was the final championship for Harumafuji in *sumo*. He retired after September tournament 2017, 33 years old. 712 winnings was no. 6 in *sumo* history. 9 times of championship was no. 15. Three times of perfect winning in 15 days was no.10. The lightest and perfect 15 day winner was only Harumafuji. Three prize winner, 4 times of *Shukun*, once of *Kanto*, 5 times of *Gino*, totaling 10 times was no.18. 40 of giving *Kimboshi* was no.2, where he proved himself that he never rested even if he was not in good condition and kept on making bouts to complete his duty as *Yokozuna* (Record in *sumo* history was counted at the time of completing July tournament 2018).

〈特別インタビュー〉

横綱日馬富士の 「相撲道」とは何か

第70代横綱　日馬富士公平

聞き手＝**藤原良雄**（藤原書店社主）
　　　　草山清和（出雲大社相模分祠分祠長）
　　　　橋本委久子（画家）

【目次】

■「道」とは何か
　　──伝統文化としての相撲

■「稽古」によって人間が出来上がる

■「努力し、忍び、耐え、開かれる道」

■稽古の基本
　　1 四股
　　2 てっぽう
　　3 すり足
　　4 ぶつかり稽古

■伝統文化の強さ
　　──関取になると、世界が変わる

■未来のモンゴルと日本のために
　　──「新モンゴル日馬富士学園」

「道」とは何か──伝統文化としての相撲

藤原 それでは、横綱日馬富士関が考える「相撲道」について、お聞きしたいと思います。私は1949年の生まれで、まだ家庭にテレビがない時代でした。相撲博士と言われるくらい相撲が好きで、東富士が引退してからの四横綱──千代の山、鏡里、吉葉山、栃錦──の時代から、相撲にとりつかれていました。毎日毎日ラジオで聞いたり、街頭のテレビを見たり、また自分で、子どもの遊びとしてですが、毎日相撲をとったものです。われわれ日本人の中では、国技とかいうことは子どもですからよくわかりませんけれども、相撲が日常の世界に入っていたと思います。

それからテレビが家庭に少しずつ入ってきましたが、相撲が始まると毎日釘づけになって見ていました。その後、栃若時代、そして朝潮などが登場しますが、相撲の基本、全て基本があるということを、相撲を見て、また相撲をとりながら、子どもなりに学んだと思っています。当時は技も四八手から六八手と、いろいろ種類があって、技の研究もしました。しかも相撲は一人でやるものではない、相手とやるものですから、相手との駆け引きや、体の小さい人が体の大きな相手を倒すような、そういう相撲の奥深さ、醍醐味を、子どもなりに体験した記憶があります。

横綱日馬富士関は、小さな安馬から、日馬富士になり、ついには最高位である横綱にまで昇られました。その相撲には、まさに「小よく大を制す」という小気味よさがあります。重量制でやる柔道とかレスリングのような体重別の格技とは全然違います。私は今、忙しいのでなかなか相撲を見られませんが、夜遅いダイジェストで相撲を見ています。

今回、御縁をえて、このような画文集を出すことになりました。出版にあたり、ぜひ日馬富士関が考える「相撲道」を、じっくりお聞きしたいと思います。まず、横綱の出身地のモンゴル相撲には、日本のような「相撲道」というのはあるのでしょうか。

日馬富士 あります。「相撲道」というのは、漢字のとおり「相撲」の「道」ですから、一つの道を最後まで修行することによって、道がつくようになると思います。それぞれの人が、迷いながら、やっと自分の目標を見つけて、みんながそれぞれに生きていますね。しかし「道」がつくものは、最初から夢が決まっています。迷うことなく、一つの道を夢にむかって歩むことが、道だと思います。私が16歳で日本に来て、「相撲道」──相撲という道に入り、一つの夢、一つの目標、一つの生活、一つの教育を学びながら歩んだ道が、相撲道だと思います。モンゴル相撲も、その精神は同じです。

モンゴルの相撲も、日本の相撲と同じように、「伝統」です。

草山 国技であって、伝統文化なのですね。国の心です。

日馬富士 そう、伝統文化です。今の日本で唯一、侍のちょんまげを戴いている、伝統を守っているのは、相撲だけだと思います。

草山 武士道の心が、ちょんまげにある。それで普通の生活もしているのです。

「稽古」によって人間が出来上がる

藤原 夢を求めて、一つの道をまっしぐらに歩む、と言われましたが、しかしそういうことが、今、日本においては難しくなっています。そのために毎日毎日稽古するのだと思いますが、横綱から、改めて、「稽古」ということを教えていただきたいと思います。

日馬富士 まず、勝ち負けの前に、相撲取りとして、何百年、何千年と続いてきたことを続けることが、相撲の目的だと思います。古いことを敬って、続けて、修行することが稽古なのだと思います。例えばバスケットボール、これは稽古とは言いませんね、練習と言います。

藤原　でも今、稽古を続けることは、非常に難しくなっていると思います。

日馬富士　それでも続けることが稽古だと思います。

草山　本当にそうですね。稽古することによって、体の中にしみ込んでいくのでしょうね。

日馬富士　私がずっと見てきたことですし、今まで18年間、先輩も後輩も、何百人というさまざまな人たちと出会い、感じてきたことでもあります。相撲の世界で、いろいろなことを経験し、稽古し、相撲道で生活することによって、どんどん人間として輝き、一人前になっていくのです。

草山　魂を磨いてきた、ということですね。

日馬富士　16歳くらいで入門して、何もわからず、あまり会話もできない子たちが来ても、3年くらい経てば立派な体になり、返事もしっかりして、指示されなくても自分の目で見て「ああ、こうしたらいいのだな」と判断できるようになります。これは、まさに相撲のひとつの教育の成果だと思います。

曲がったことを考えず、素直に稽古を続けていくことで、自分の年齢以上の魅力が出てきて、人間として輝いていく、ということではないでしょうか。

「努力し、忍び、耐え、開かれる道」

草山　それは体で学んで身につけるのでしょうね。

日馬富士　「心技体」と「魂」を鍛える、ということなのだと思います。

草山　その地位ごとに、それぞれに磨いていくことがある。序二段から幕内に入り、三役になり、大関になり、その場、その場で壁を持って、磨かれていく。磨かれて、心技体が一致し

たときに、一つ上に上がるんですね。それは、稽古せずにはできないことです。私は横綱をずっと見させていただき、上に行けば行くほど、本人のオーラみたいなものがどんどん磨かれて、物の考え方も、その地位ごとに変わってくるのを見てきました。最初は自分のことだけだったのが、周りのことを考え、みんなの幸せを考えて、というように、一回りも二回りも大きくなってこられるのを見てきたのです。

日馬富士　稽古というのは、一言で言えば、「努力し、忍び、耐え、開かれる道」です。これは相撲道にもあてはまりますし、他の稽古にもあてはまると思います。こういう言い方でしたら、みなさんにわかっていただけるのではないでしょうか。

それから、こういう言葉があります。

「実力の差は努力の差

　実績の差は責任感の差

　人格の差は苦労の差

　判断力の差は情報の差

　真剣だと知恵が出る

　中途半端だと愚痴が出る

　いい加減だと言い訳ばかり

　本気でするから大抵のことはできる

　本気でするから何でも面白い

　本気でしているから誰かが助けてくれる」

（「正範語録」より）

すばらしいと思います。いつも自分の食事するところに貼って、見ている言葉です。自分に何が足りないか、すぐに分かります。

稽古の基本

1 四股

藤原　相撲の稽古においての基本を教えていただきたいと思います。

日馬富士　基本は、四股、てっぽう、すり足、ぶつかり稽古、この四つだと思います。

藤原　まず「四股」、かんたんに「四股を踏む」と言いますが、形になるのはかなり難しいと思うのですが、どうでしょうか。

日馬富士　四股は相撲の基本中の基本です。足を広げて腰を下ろして、片足に体重を乗せて、もう片方の足を上げながら膝を伸ばし、バランスをとりながら下ろす。

それを相撲の前にやることによって、体を温めているのです。蹲踞をし、四股を踏むということを、気持ちを集中してできるからこそ、怪我をしないように相撲がとれるのではないかと思います。他のことを考えながら四股は踏めません。

藤原　入門してから、毎日どれくらい四股を踏むのですか。

日馬富士　一時間ぐらい踏んでいます。

藤原　一時間でどのぐらい踏めるものですか。

日馬富士　どういうふうに踏むか、集中してゆっくり踏むか、早く踏むかによります。稽古は百番以上していました。

草山　私は実際見ていましたが、すごいですよ。死んでしまうのではないかと思うぐらいです。

日馬富士　うちの部屋は今でも多い方だけれど、今は五十番から八十番位ではないでしょうか。私は、体ではなく、稽古場で上がってきた相撲取りです。

草山　本当にその通りです。

2 てっぽう

藤原　二番目の「てっぽう」ですが、その基本を教えてください。てっぽうは、腰を下から上へと、大きく動かしているように見えます。

日馬富士　てっぽうは基本のひとつです。足を広げて腰を下ろす。わきをしめて両手をてっぽう（柱）につける。右手を引いて、右足をすりながら右手を同時にてっぽうを打つ。右足を戻して、腰を下ろし直して左手を引いて左足をすりながら、左手と同時にてっぽうを打つ。これを繰り返します。

草山　やっているときは、無心でしょうか。

日馬富士　そうです。てっぽうをやると、すぐ汗が出ますよ。

草山　何回も見に行きました。一対一でやる稽古ですが、他の人はどんどん代わるのに、横綱はずっと代わらない。いつも最後までやっていましたね。見ていて、心臓が口から出るのではないかと思うほどで、信じられない光景でした。

橋本　いつも横綱と握手するたびに、手の厚さにびっくりします。それはてっぽうの稽古のせいでしょうか。

日馬富士　てっぽうだけではありませんね。てっぽうと、特に突っ張りをやる稽古のとき、よく当たるのです。当たると腫れて、それが治っていくのですが、そうするうちに厚くなるのだろうと思います。

藤原　手を見せてください。手は大事ですね。

日馬富士　私はそんな大きい方ではないのですが。

藤原　私も握手していただきましたが、やわらかくて、包みこまれるような感じがします。

3 すり足

藤原　三番目の「すり足」です。すり足は相撲だけではなく、日本舞踊や、能、狂言などの伝統芸能にもあります。同じ日本

の伝統文化ですが、モンゴル相撲には、すり足はないですね。

日馬富士 ありません。日本の相撲は、砂の上で取るものですから、すり足も基本中の基本です。言葉どおり、足の裏で土俵の砂を感じながら、親指に力を入れて、腰を落とし、すっていきます。腰を落として相手を押すことによって、相手がどんなに重くても起こしていられます。腰が下りていなければ、上体だけではこちらのバランスがとれません。ですから腰を落とし、足を広げて、親指に力を入れて押します。

すり足によって、土俵の中での自分の感覚が鋭くなります。砂をいちいち感じないとだめですから、足の感覚がきたえられるのです。だからこそ、あの小さい、丸い土俵の中で相撲が取れるのです。ぶつかって、下がっても、土俵があとどれぐらいあるかということがわかるので、相撲が取れます。目をつぶっていても、今土俵のどこにいるか、あとどれぐらい残っているかということを、体が覚えてしまうのです。これを覚えるのが、すり足です。

草山 すり足をやったら、腰が決まります。

日馬富士 そうです。だから相手を押しやすくなる。そしてどんな体勢になっても、自分のバランスを100%とれます。

草山 裸足ですり足をして、大地の、地球のエネルギーを感じる、いただくということもあるのでしょうか。

日馬富士 それもあると思います。土俵というのは、神が宿る場ですから、上がるだけで、エネルギーを感じます。何か目に見えないもの、土俵に上がった人しか感じることのできない、目に見えない何かがあります。

藤原 すり足とてっぽうでは、力の入れ方がかなり違うのではないかと思います。てっぽうのときには、全体で力を入れるということでしたが、すり足はもっと自然体というか、重心を大地の方に落としながら、むしろ臍から上の力は逆に抜けてく

るのではないかと思いますが、どうでしょうか。

日馬富士 そうです。てっぽうは手を使っていますから、どうしても上体に力が入ります。すり足は歩きながら、自然と水のように流れていきます。二つは少し違うものですが、基本は一緒です。てっぽうもすり足も、足の感じ方は一緒です。

橋本 すり足の高さは、非常に低い人もいるけれども、横綱は、そんなに低くありませんね。あの高さはどうやって身につけられたのですか。

日馬富士 私の立合いとすり足は、実際少し違うと思うのですが、すり足は自分の相撲の高さの感覚でやっています。立合いは、下に一回パッと下ろして立つのですが、すり足は、バランスをとりながら前に進めています。自分の相撲に適したすり足です。

橋本 低ければ強い、苦しいから稽古になるということではない。一番苦しいところでやるのがいい稽古というわけではなくて、自分の相撲に適した高さなのですね。

日馬富士 そうです。また、足の細かい筋を鍛えるのが、すり足なのです。そうすると、怪我をしにくくなります。細かい筋を鍛えるというのは、自分でやってみるとわかると思います。足を大きく開き、腰を落とすと、一分ぐらいするともう筋がピリピリしてきます。

橋本 素人には一分もできませんけれど（笑）。

藤原 すり足は、土の上でやらないと、すり足にならないですね。土に潜り込むような感じでしょうか。

日馬富士 土に潜るのではないけれど、土をかむような感じです。

藤原 四股、てっぽう、すり足という三つだけでも、大変な稽古だと思います。

日馬富士　そうです、それが基本です。これだけでも、よい稽古になります。

4　ぶつかり稽古

藤原　ここまでが一人でやる稽古だと思いますが、今度は相手との「ぶつかり」ですね。これがまた大変だと思います。

日馬富士　ぶつかり稽古は、一番難しいですね。やはり、相手が腰をしっかり構えて、そしてある意味では力を抜いてる、その体重を一気に押すというのは、大変なことなのです。硬い石なら、逆にかんたんなのですが、人間の体はやわらかいので、力がどこかに抜けてしまうのです。ですから、押しづらくなってしまうのです。人間対人間のぶつかりは、相手も残そうと必死ですから。これが、相撲で強くなるための一番の稽古の一つで、これをやることによって、まずは全て——首、顔、肩、全てのところに、力が入ります。

藤原　ということは、「ぶつかり」は、稽古といっても実戦ということではないかと思います。相手がいるわけですからね。

日馬富士　そうですね。

藤原　だから、先ほどの三つがきちんと自分の体の中にないと、ぶつかりができませんね。

日馬富士　まさにそうなのです。基本の三つができないと、ぶつかり稽古は無理です。だから、新弟子が入っても、すぐにぶつかり稽古はしないのです。まず四股、てっぽう、すり足を三カ月ぐらいやった後に、初めてぶつかり稽古をやらせます。

草山　初めてのぶつかり稽古は、こわいですよね。

日馬富士　まずは膝、四股、すり足で、相手を起こして押す。すり足をやって、てっぽうで、全身で押す。これを鍛えてから、初めてぶつかり稽古が始まります。

藤原　ぶつかりは、あの距離から、頭ががんとぶつかるわけだから、すさまじいです。けがをしない方がおかしいぐらいだと、素人は思います。

草山　眉間（みけん）から行きますからね。

橋本　初めてぶつかりをやる若い子に、どうぶつかれと指導するのでしょうか。頭から突っ込め、と？　そのとき、手は、頭の位置ぐらいにつけるとか。

日馬富士　それは、頭からぶつからないと、ぶつかりになりません。自分の脇を締めて、相手の脇の下を狙って、相手の脇の下に手を入れて、腰を低く、すり足で。すり足の形が、そのままぶつかりの形です。頭をぶつけて、足はすり足の形で押すのが、ぶつかり稽古なのです。

藤原　脇を締めていないと、だめなのですね。

日馬富士　そうなのです。脇を締めないと、力が入らないのです。

藤原　あごを引いてね。稽古とは、本当に大変なものですね。かんたんに言われるけれども。

草山　自分の子どもが稽古をやっている姿は、親には見られません。

橋本　以前部屋の稽古で見たのですが、押させて、途中で腰を落とせと言って、低くさせますね。あれは、他では見たことがないのですが、横綱が考えた稽古でしょうか。

日馬富士　よく土俵際でいなされたり、引かれて落ちるのですが、出ていくときはどうしても上体が伸びてしまいます。でも、土俵際で腰を落とす癖をつけることによって、相手が引いても、最後に腰を落とすと、足がついてくるのです。足がついてきたら、初めて腰を落とせます。そういう癖をつけているのです。

藤原　なかなか腰が下りないものですよ。見ていると、大体腰が伸びて、土俵際で逆転されたり、引き落とされたりします。

橋本　それから、ぶつかり稽古で、相手がぶつかってきたと

たんに、その子をはたいてひっくり返したりするのは、そんなぶつかり方ではだめだということですか。稽古で、ぶつかってきたとたんにすぐ、こちらから見るとまるで意地悪してるみたいに、転がすときがありますね。あれは、そのぶつかり方は角度が違うとか、そういうことでしょうか。

草山　本気でぶつかってきていないということですね。

日馬富士　相手が本気を出しているか、出していないかというのは、胸を出している方には、一番わかるのです。

伝統文化の強さ——関取になると、世界が変わる

日馬富士　やるべきことを一所懸命やればいい。その積み重ねです。ただ、心が入っているか、入っていないかによって、かなり違います。やらせられて 20 回やるのと、自分から 10 回やるのとでは、10 回やった方が効きますね。

藤原　稽古というのは、言われたことを黙々とやり続けるだけではなくて、一日一日、一つ一つ、自発的に工夫しながらやらなければいけない、と。そこでいろいろ技を身につけていくのだと思います。ここが、非常に大変なことだと思います。たたき込むということがあって、横綱はここまで強くなられたと思います。

草山　内から出てくるもの、魂から出てくる稽古があるかないか。

日馬富士　心から好きでやることと、ただやらされることというのは、力が強くなるとしても、何にしても、違うと思います。まずは自分のやっていることを好きでやらなければ、難しいと思います。

藤原　相撲界には、相撲が好きでやっている人ばかりのように思いますが。

日馬富士　最初、何もわからないで、好き嫌いもわからずに入ってきている子たちもいるでしょうね。でも、やってい

るうちにそれが好きになる可能性もありますよ。私も実は、相撲のことはよく知りませんでした。でも、やっているうちに少しずつ好きになってきて、相撲取るのは楽しいな、相撲取りはいいね、と思うようになってきました。

橋本　それは、どのぐらいたってからですか。

日馬富士　十両に上がったころからです。関取になると、まったく世界が変わるんです。相撲取りというのは、関取になれば、いろんな出逢いがある。

草山　見える世界が変わってくるのですよね。

日馬富士　どこに行っても、関取として扱われます。人間というのは、「マズローの欲求五段階」で言っているように、一番目は生きるため、二番目は安全のため、三番目は社会から認めてもらう……と、そういう順番で欲求が出てきます。自分を認めてもらうというのは、それは何にもかえられない気持ちにさせられるのです。「ああ、関取だ」と言って扱ってくれるというのは、他では味わえない世界です。

それをわかりやすく言うと、みんなに認めてもらうことなのです。今まで一所懸命がんばってきたことを、他人から評価されること、これは気持ちがいいです。やりがいがある仕事だなと、心から思います。

藤原　この本には、「力は神様から預かったものだから、いつかお返しするときが来る」という横綱の言葉が出てきます。神様に祈るということが、相撲道の中に入っているというのは、普通は思いつかないでしょう。どういう祈りなのでしょうか。

日馬富士　私は、勝負をかけるときは、必ず目をつぶって、心の声で、神に祈るのです。相撲の土俵というのは神聖で、場所が始まる前にお祓いをして、神様を呼んで、土俵の下に鎮め物を入れる、そういう大きい儀式があります。

草山　祈るというのは、自分一人だけではないのでしょうね。

日馬富士　そうです。先祖様たちの魂が守ってくれていると、私は信じています。

未来のモンゴルと日本のために
——「新モンゴル日馬富士学園」——

草山　今度、横綱は、モンゴルに学校を作られるとお聞きしました。

日馬富士　はい。今年9月1日に開校式です。モンゴルで生まれ、日本で育った私にとって、モンゴルは母国、そして日本は父国です。二つの国への恩返しをしたい、とずっと考えてきました。私には、「横綱になる」という使命ではなく、「横綱になって、人のため、世の中のためになることをする」という使命を与えられたのだと。

日本に来て、私は日本の教育、育成、礼儀に感動しました。そしてモンゴルの子どもたちに、日本に親しみと興味をもってほしいという気持ちで、モンゴルに学校を作ろうと決心したのです。時代が変わっても、人の心は変わりません。教育は、人が存在する限り、大事なものとして続いていきます。

私は日本に来るチャンスを与えられましたが、モンゴルの多くの子どもたちにも、素晴らしい方々と出会い、多くのことを学ぶチャンスを摑んでほしいと思います。

「新モンゴル日馬富士学園」は、幼稚園から高校までの一貫教育です。開校にあたり、日本の学校機関から、古い机や椅子などを寄付していただきました。このような、日本の子どもたちからのプレゼントは、モンゴルの子どもたちに「日本ではどんな子がこの机を使っていたんだろう」「日本とはどんな国だろう」と想像させることでしょう。想像することによって、日本への親しみと感謝が生まれるでしょう。

また、私の学校では、「いただきます」「ありがとうございます」「おかげさまで」というような"感謝する心"を養い、チームで何かを成し遂げる力を養いたいと考えています。

今のモンゴルでは、高校を卒業すれば、様々な国に留学できます。5割はアメリカですが、3割はヨーロッパ、そして残りがアジアの国々です。私の学校からは、日本の文化や歴史、言葉を学ぶことで、日本への留学を増やしたいと思います。20年後には、この学校を卒業した優秀な人たちが、未来のモンゴルのために努めるでしょう。

そのような人たちはまた、必ず「日本に恩返しをしたい」と考えるはずです。そうなれば、母国のモンゴルにも、父国の日本にとってもすばらしいことです。

この学校は、私をはぐくんでくれた父と母、親方とお女将さん、そして私を支えてくださっているすべてのすばらしい方々への感謝から生まれました。これからも全身全霊で、教育に力を注いでいきます。

藤原　日馬富士の「相撲道」は、相撲だけではなく、すばらしい人生哲学だと思います。今日は、生きていくための支えになる言葉を、たくさんお聞きしました。ありがとうございました。

（2018年7月27日　於・都内）

相撲道

題字・日馬富士公平

プロフィール

日馬富士公平 （はるまふじ・こうへい）

1984（昭和59）年4月14日、モンゴル・ウランバートル市生まれ。伊勢ヶ濱部屋。

最高番付　第70代横綱

初土俵　　平成13（2001）年1月場所

新十両　　平成16（2004）年3月場所

新入幕　　平成16年11月場所

新三役　　平成18（2006）年5月場所

大関昇進　平成21（2009）年1月場所

横綱昇進　平成24（2012）年11月場所

生涯戦歴　827勝444敗85休（101場所）

幕内戦歴　712勝373敗85休（78場所）

優　勝　　9回

三　賞　　10回（殊勲4回、敢闘1回、技能5回）

平成29（2017）年11月場所後、引退。

橋本委久子 （はしもと・いくこ）

1952年東京生まれ。物心ついた時からの大相撲ファン。2006年頃から安馬（日馬富士）の絵を描き始める。引退までに1200枚描き上げ、これまでに3冊の自費出版画集で発表している。

画文集　第70代横綱日馬富士　相 撲 道

2018年9月30日　初版第1刷発行©

監　修	草 山 清 和
	（出雲大社相模分祠）
文	日 馬 富 士 公 平
	橋 本 委 久 子
画	橋 本 委 久 子
英　訳	浜 岡 　 勤
発 行 者	藤 原 良 雄
発 行 所	株式会社 藤 原 書 店

〒 162-0041　東京都新宿区早稲田鶴巻町 523
電　話　03（5272）0301
ＦＡＸ　03（5272）0450
振　替　00160 - 4 - 17013
info@fujiwara-shoten.co.jp

印刷・製本　精興社

落丁本・乱丁本はお取替えいたします　　　　Printed in Japan
定価はカバーに表示してあります　　ISBN978-4-86578-191-5

いのち愛（め）づる姫
ものみな一つの細胞から

中村桂子・山崎陽子・作
堀 文子・画

人間も、一つの細胞から生まれた。

バクテリアも人間も、たった一つの細胞から──。同じ生き物、同じいのち。
人間はじめすべての生き物を、一つの生命がもつDNAの総体「ゲノム」から読み解く「生命誌」を提唱した生物学者、中村桂子。ピアノ一台でめくるめく夢の舞台を演出する"朗読ミュージカル"を創りあげた童話作家、山崎陽子。世界に満ちるいのちの気配を写しつづけてきた画家、堀文子──分野を異にした三人の女性が描きだす、いのちのハーモニー。

藤原書店　定価 本体1,800円+税